RÉPÉTITIONS ÉCRITES

SUR LE

DROIT PÉNAL

PARIS. — IMP. BALITOUT, QUESTROY ET Cᵉ, RUE BAILLIF, 7.

DEUXIÈME EXAMEN DE BACCALAURÉAT

RÉSUMÉ DE RÉPÉTITIONS ÉCRITES

SUR LE

DROIT PÉNAL

(CODE PÉNAL ET CODE D'INSTRUCTION CRIMINELLE)

PAR M. F. BŒUF

Répétiteur de droit

On trouve à la fin du volume l'indication des principales questions
d'examen avec renvois aux pages.

PARIS

DAUVIN FRÈRES, LIBRAIRES-ÉDITEURS

26, rue Soufflot et boulevard Saint-Michel, 63

1867

PRÉFACE

L'accueil bienveillant que MM. les Étudiants ont fait à mon *Résumé de Droit administratif* m'a déterminé à publier ce *Résumé de répétitions écrites sur le* DROIT PÉNAL. Ils y trouveront, je l'espère, toutes les notions indispensables pour leur examen.

Je m'empresse de dire que j'ai beaucoup emprunté aux idées de M. Ortolan, dont l'excellent livre me paraît être un des plus beaux monuments élevés à la science du droit pénal.

Paris, le 25 mai 1867.

a

INTRODUCTION

---

§ I. Droit pénal. — Son objet. — Place qu'il occupe dans la législation.

Le droit positif a une sanction qui peut être obtenue à l'aide des pouvoirs et des procédés organisés à cet effet. Cette sanction consiste : tantôt dans la nullité de l'acte fait contrairement aux dispositions de la loi, tantôt dans l'obligation de restituer ou de réparer le préjudice, tantôt enfin dans la nécessité de subir un certain mal, à titre de peine. Cette dernière sanction est l'objet du droit pénal.

On peut donc définir le droit pénal : cette partie de la législation qui détermine dans quels cas et sous quelles conditions la société inflige un mal, à titre de punition, contre certaines infractions à la règle du devoir. — Par son *objet*, le droit pénal, comme droit sanctionnateur, se lie à toutes les branches du droit, il se réfère à l'ensemble de la législation. En le considérant dans son *sujet*, c'est-à-dire au point de vue des personnes entre lesquelles il suppose une relation, il fait partie du droit *public interne*, car il se déduit d'un rapport de société à individu. La société, en effet, est toujours partie directement intéressée dans l'application du droit pénal.

— Dans son ensemble, le droit pénal comprend : la règle ou le précepte pénal, — les autorités qui concourent à l'application de la règle, — les procédés à l'aide desquels ces autorités son mises en mouvement et fonctionnent. En un mot, l'étude du droit pénal comprend trois parties : *la pénalité, — les juridictions, — la procédure.*

§ II. Notions historiques sur le droit pénal.

Le droit pénal, partie du droit public, a dû subir l'influence de nos transformations sociales et politiques.

Nous indiquerons sommairement les caractères généraux et les principaux textes de la législation pénale, soit dans l'ancien droit, soit dans le droit intermédiaire, soit dans le droit actuel.

Ancien droit jusqu'en 1789.

Quelque intéressante que puisse être l'étude de l'ancien droit, elle n'offre guère d'utilité pratique pour la connaissance du droit actuel.

Les peines, inspirées par un esprit de vengeance, y étaient *inégales, cruelles* et *arbitraires.* Les juridictions y étaient multipliées sous les noms de justices seigneuriales, justices ecclésiastiques et justices royales. Les offices de judicature y étaient vénaux et héréditaires, et les juges touchaient des épices pour rendre la justice. La procédure avait passé graduellement du système accusatoire avec publicité au système inquisitorial avec la torture et le secret.

Les deux ordonnances les plus célèbres sur la procédure sont : l'ordonnance de 1539, sous François Ier, et de 1670, sous Louis XIV.

L'ordonnance de 1539, œuvre du chancelier Poyet, généralisait l'emploi du secret dans l'instruction des affaires criminelles ; elle privait l'accusé d'un défenseur, lui imposait la prestation de serment et l'obligeait à proposer les reproches contre les témoins à l'instant même où ceux-ci lui étaient présentés ; elle séparait, enfin, l'information à décharge de l'information à charge, faisant ainsi, comme disait Ayrault, « d'une accusation deux procès. »

L'ordonnance de 1670 reproduisait ces rigueurs que la pratique de plus d'un siècle semblait avoir consacrées. Elle n'abrogeait la précédente ordonnance que pour mieux préciser et codifier son système.

Cette procédure inquisitoriale des ordonnances, appelée aussi procédure extraordinaire, était exclusivement réservée *aux crimes*. La publicité et les plaidoiries s'y trouvant supprimées, elle consistait uniquement dans l'instruction. De là son nom d'*Instruction criminelle*, qui a passé maladroitement dans notre Code, lequel devrait être appelé Code de procédure pénale, et non pas Code d'instruction criminelle.

Droit intermédiaire depuis 1789 jusqu'à notre droit actuel.

L'Assemblée constituante réagit contre les abus et les excès de la législation antérieure. Elle substitue à l'arbitraire du juge dans la pénalité la règle fixe et invariable du législateur; elle proclame le principe de l'égalité devant la loi et de la liberté individuelle. — Elle abolit les juridictions anciennes et jette les fondements de l'organisation judiciaire actuelle ; elle supprime la vénalité et l'hérédité des offices, ainsi que les épices ; elle soumet les juges à l'élection, c'est-à-dire à la confiance des justiciables ; elle crée le tribunal de cassation et institue pour les crimes : le jury d'accusation et le jury de jugement. — Elle établit, dans la procédure pénale, un système mixte : l'information secrète et écrite pour l'instruction préparatoire et la liberté de la défense avec le débat oral et la publicité pour l'instruction devant les juridictions de jugement.

Cette période est celle de la fondation et de la rénovation de l'ordre social. Les textes législatifs qui se réfèrent au droit pénal, dans cette période intermédiaire, sont les suivants :

Sous l'Assemblée constituante :

La loi du 19-22 juillet 1791 sur *l'organisation d'une police municipale et d'une police correctionnelle* qui traite de la pénalité, des juridictions et de la procédure pour les délits de police municipale et de police correctionnelle ;

La loi du 16-29 septembre 1791 *concernant la police de sûreté, la justice criminelle et l'établissement des jurés*. Cette loi était, pour les délits entraînant une peine afflictive ou infamante, un code de juridiction et de procédure criminelles ;

a..

Le *Code pénal* du 25 septembre-6 octobre 1791, qui ne traite que des peines à appliquer aux délits précédents ;

SOUS LA CONVENTION NATIONALE :

Le *Code des délits et des peines du* 3 *brumaire an IV* (26 octobre 1795). Malgré la généralité de son titre, ce Code n'avait trait qu'aux juridictions et à la procédure pénales, et n'était qu'une refonte, en un système complet et méthodique, des institutions de la Constituante. Il renvoyait, en général, pour la pénalité, aux lois de cette dernière assemblée.

De cet ensemble de la législation nous pouvons détacher les points suivants :

La peine de mort est maintenue malgré les propositions réitérées pour son abolition ; mais, au moins, elle est égale pour tous. Il n'y a plus la hache pour les nobles et la corde pour les vilains. La décapitation pour tous est proclamée, et en 1792 le nouvel instrument de supplice est décrété.

Les peines perpétuelles sont abolies.

Le principe de pénalité est celui de la fixité des peines, sans minimum ni maximum.

Les juridictions comprennent : les tribunaux de simple police, dans le canton ; les tribunaux correctionnels, dans le district ou arrondissement, et les tribunaux criminels, dans chaque département.

On n'avait pas voulu, par souvenir des parlements, ressusciter de grands corps de judicature. L'organisation judiciaire était en parfaite harmonie avec l'organisation politique. Le jury est institué pour statuer sur les délits punis d'une peine afflictive ou infamante, et avec une double mission : celle de prononcer si un individu doit être mis en état d'accusation (jury d'accusation), et celle de déclarer ensuite s'il est ou non coupable du crime dont il a été accusé (jury de jugement).

Par respect pour les décisions du jury, qui sont considérées comme les jugements de la nation, et, par conséquent, du souverain, on supprime le droit de grâce pour tout crime poursuivi par voie de jurés.

Droit actuel.

Notre droit actuel date du Consulat et de l'Empire. C'est l'époque des codifications qu'on est convenu d'appeler époque de *réorganisation et d'unité*.

I. *Code d'instruction criminelle et Code pénal.* — Un premier projet de code comprenant la pénalité et la procédure pénales, ordonné sous le Consulat, fut, après une discussion au conseil d'Etat interrompue pendant quatre ans, abandonné et remplacé par deux projets séparés : l'un de Code d'instruction criminelle, l'autre de Code pénal.

Un CODE D'INSTRUCTION CRIMINELLE fut décrété du 17 novembre au 16 décembre 1808. Il contient neuf lois réparties ainsi : *Dispositions préliminaires* (art. 1 à 7). — *Livre premier :* De la police judiciaire et des officiers de police qui l'exercent (art. 8 à 136) ; — *Livre deuxième :* De la justice, comprenant sept titres (art. 137 à 643).

Un CODE PÉNAL fut décrété du 12 au 20 février 1810. Il contient sept lois réunies également en un seul corps, sous une même série de numéros, de la manière suivante : *Dispositions préliminaires* (art. 1 à 5) ; — *Livre premier :* Des peines en matière criminelle et correctionnelle et de leurs effets (art. 6 à 58); — *Livre deuxième :* Des personnes punissables, excusables ou responsables pour crimes ou pour délits (art. 59 à 74);— *Livre troisième :* Des crimes, des délits et de leur punition (art. 75 à 463) ; — *Livre quatrième :* Contraventions de police et peines (art. 464 à 484).

— Ces deux Codes furent déclarés exécutoires à partir du 1er *janvier* 1811. On avait retardé leur mise à exécution, parce qu'on attendait la loi sur l'organisation judiciaire qui porte la date du 20 avril 1810.

— Ces divers Codes portent l'empreinte du rétablissement de l'autorité.

La pénalité, malgré l'adoption assez fréquente d'un maximum et d'un minimum pour les peines temporaires, y est organisée sévèrement. La peine de mort, dont l'abrogation avait été votée en dernier lieu par la Convention nationale pour l'époque de la publication de la paix générale, fut étendue à des cas plus nombreux d'application. La marque, la mutilation, la consfication générale et la mort civile, toutes peines inconnues de l'Assemblée constituante, prirent leur place dans le Code pénal.

Mais c'est surtout au point de vue de l'organisation des autorités et des juridictions pénales que la législation du Consulat et de l'Empire changea profondément le système de l'Assemblée constituante.

Depuis la Constitution de l'an VIII, l'élection des juges avait été remplacée, en général, par la nomination faite par le pouvoir exécutif et l'institution à vie leur était promise. Le droit de grâce avait été accordé au chef de l'État.

L'organisation judiciaire de 1810 est fondée sur les idées d'*unité* et de *hiérarchie*. On crée les cours impériales centralisant la justice civile et pénale. On supprime, en matière criminelle, le jury d'accusation que l'on remplace par une des sections de la cour impériale (chambre des mises en accusation). Si le jury de jugement est conservé dans les assises départementales, on fait présider celles-ci par un délégué de la cour impériale.

Du reste, la formation de ce jury de jugement est confiée aux soins de l'autorité. C'est le préfet qui arrête une liste annuelle de 60 membres sur laquelle se fera le tirage au sort.

Sous l'Assemblée constituante, les fonctions du ministère public devant les tribunaux criminels étaient divisées : un accusateur public, nommé par le peuple, était chargé de l'action publique ; un commissaire du gouvernement était chargé de faire des réquisitions au nom de la loi. Dans la nouvelle organisation, les deux fonctions sont concentrées et confiées aux mêmes membres du ministère public, qui est véritablement un et indivisible.

II. *Principales lois postérieures au Code d'instruction criminelle et au Code pénal.* — Un très-grand nombre de lois sont venues modifier et compléter les Codes du premier Empire. Nous citerons les plus importantes :

Sous la Restauration :

La Charte de 1814, abolissant la confiscation générale ;

Les lois des 17 et 26 mai 1819, sur la répression des crimes et délits de presse et la compétence du jury en pareille matière ;

Les lois du 2 mars 1827 et 2 janvier 1828, organisant avec plus de garanties l'institution du jury.

Sou la monarchie de 1830 :

La grande loi de révision du Code pénal et du Code d'instruction criminelle, du 28 avril 1832. Ses principales innovations consistent : 1° dans l'abolition de certaines peines (la mutilation du poignet, la marque, le carcan) et dans la modification de la surveillance de la haute police ; 2° dans la division des peines criminelles en deux classes, suivant deux échelles séparées : l'une pour les crimes politiques, l'autre pour les crimes ordinaires ; 3° dans l'extension du bénéfice des circonstances atténuantes aux trois catégories d'infractions à la loi pénale (crimes, délits, contraventions).

Sous le gouvernement qui a suivi la révolution de 1848 :

Le décret du gouvernement provisoire du 26 février 1848, qui proclame l'abolition de la peine de mort en matière politique, abolition confirmée ensuite par la Constitution du 4 novembre 1848 et par la loi du 10 juin 1853 ;

Le décret du gouvernement provisoire du 12 avril 1848, qui supprime l'exposition publique qui était l'accessoire des peines des travaux forcés et de la réclusion;

La loi du 8 juin 1850, qui remplace la peine de mort, en matière politique, par la déportation dans une enceinte fortifiée, et organise de nouveau la déportation simple, avec suppression, dans l'un et l'autre cas, de la mort civile;

La loi du 5 août 1850, qui décrète l'établissement de colonies pénitentiaires ou agricoles et de maisons pénitentiaires pour les jeunes détenus.

SOUS LE GOUVERNEMENT ACTUEL, DONT L'ORIGINE REMONTE AU 2 DÉCEMBRE 1851 :

Un décret du 8 décembre 1851, rendu quelques jours après la dissolution de l'Assemblée nationale, sur la surveillance de la haute police;

Le décret du 25 février 1852, enlevant au jury et attribuant aux tribunaux correctionnels la connaissance des délits politiques et de presse;

La loi du 3 juillet 1852, qui étend aux condamnés à une peine correctionnelle le bénéfice de la réhabilitation (art. 619 et s., C. Inst. cr.);

Les lois des 4 et 9 juin 1853, sur la composition et la déclaration du jury;

La loi du 30 mai 1854, qui transforme la peine des travaux forcés en ordonnant la transportation;

La loi du 31 mai 1854, qui abolit, d'une manière générale, la mort civile;

La loi du 13 juin 1856, d'après laquelle tous les appels des jugements rendus par les tribunaux correctionnels doivent être portés devant la cour impériale (chambre des appels de police correctionnelle) ;

La loi du 17 juillet 1856, qui supprime la chambre du conseil et en transporte les attributions au juge d'instruction ;

La loi du 13 mai 1863, qui modifie les articles du Code pénal sur la récidive et sur les circonstances atténuantes (art. 57, 58 et 463, C. P.) ;

La loi du 20 mai 1863, qui organise une procédure plus rapide pour l'instruction des flagrants délits correctionnels ;

La loi du 14 juillet 1865, qui facilite l'obtention de la liberté provisoire ;

La loi du 27 juin 1866, qui permet de réprimer plus efficacement les crimes et délits commis en pays étranger ;

La loi que vient de voter le Corps législatif dans la session de 1867, et qui abroge la contrainte par corps, en ne la conservant qu'au profit de l'État, pour l'exécution des condamnations pénales autres que celles relatives aux frais ;

La loi plus récente du 11 mai 1867, qui modifie les articles 443 à 447, C. I. cr., sur la révision des procès en matière pénale. Cette loi introduit deux

grandes innovations : 1° elle permet la révision,
dans les trois cas déjà indiqués par le Code d'instruction criminelle, même après la mort du condamné ; 2° elle étend le même droit de révision
aux condamnations en matière correctionnelle,
toutes les fois que ces condamnations prononcent
un emprisonnement ou une interdiction totale ou
partielle de l'exercice des droits civiques, civils et
de famille.

CODE PÉNAL

DISPOSITIONS PRÉLIMINAIRES

(Art. 1 à 5, C. P.)

Nous diviserons les explications que nous avons à donner sur les dispositions préliminaires en quatre chapitres, et nous traiterons successivement : 1° des diverses acceptions du mot *délit* et des caractères du délit pénal; 2° des diverses classifications des délits; 3° de la tentative; 4° de l'application du principe de la non rétroactivité des lois en matière pénale.

1

CHAPITRE PREMIER

Des diverses acceptions du mot délit et des caractères du délit pénal.

Diverses acceptions du mot délit. — Dans le sens le plus étendu, le délit (*delinquere, delictum,* abandon de la ligne droite) désigne toute violation quelconque du droit.

Cette expression reçoit ensuite diverses autres acceptions, soit en droit civil, soit en droit pénal.

En droit *civil,* on entend par *délit* tout fait préjudiciable commis par dol ou malignité, par opposition au *quasi-délit* qui est un fait dommageable causé par imprudence ou négligence (1382 et 1383, C. N.).

En droit *pénal,* le mot délit, dans un sens général, désigne toute infraction à la loi pénale. C'est en ce sens qu'il figure dans le Code du 3 brumaire an IV intitulé : *Code des délits et des peines*. C'est en ce sens qu'il est employé le plus souvent dans les écrits des jurisconsultes et des publicistes, et qu'il est entendu dans plusieurs articles de notre droit pénal (corps du délit, art. 11 et 36, C. P.; flagrant délit, art. 41, 59, C. I. cr.; délits connexes, art. 226, 227, C. I. cr.).

Dans un sens plus étroit, le délit, pris par opposition à contravention, signifie le fait puni pour une faute intentionnelle; et la contravention désigne le fait puni même pour une faute non intentionnelle. C'est en ce sens qu'on dit : les délits et les contraventions de presse.

Enfin, dans un sens plus positif, qui est celui adopté par l'art. 1er du Code pénal, le délit est l'infraction punie de peines correctionnelles.

— Il résulte de ce qui précède qu'il ne faut pas confondre le délit, en droit pénal, dans les diverses acceptions où il est employé, et le délit ou quasi-délit, en droit civil.

Il peut y avoir délit, en droit pénal, dans la première acception où il signifie une infraction à la loi pénale, sans qu'il y ait délit ni même quasi-délit en droit civil. Ainsi, le port d'armes prohibées (art. 314, C. P.), la simple détention de faux poids ou de fausses mesures (art. 479, n° 6, C. P.), sont des faits punis par la loi pénale et qui ne supposent ni délit, ni quasi-délit de droit civil. A l'inverse, il peut y avoir délit ou quasi-délit de droit civil sans qu'il y ait infraction à la loi pénale. Ainsi, le stellionat prévu dans les art. 2059 et 2136, C. N., constitue un délit ou quasi-délit du droit civil et n'est pas réprimé par la loi pénale. De même, il arrive souvent qu'un homme est déclaré non coupable pénalement, et qu'il est responsable civilement et tenu de dommages-intérêts.

Le délit peut se rencontrer, en droit pénal, dans la seconde acception, où il désigne un fait intentionnel punissable, sans qu'il y ait délit de droit civil. Ainsi la tentative de crime, et quelquefois de délit de police correctionnelle, est punissable, quoiqu'elle n'aurait causé aucun dommage et ne pourrait être, par conséquent, considérée ni comme un délit, ni même comme un quasi-délit du droit civil. De même les délits de presse sont punissables indépendamment de toute idée de préjudice donnant lieu à des dommages-intérêts.

Enfin, dans la troisième acception du droit pénal, le délit puni de peines de police correctionnelle pourrait ne constituer qu'un simple quasi-délit de droit civil. Ainsi l'homicide par imprudence, les coups ou blessures involontaires, sont des délits de police correctionnelle et de simples quasi-délits de droit civil.

Caractères du délit pénal. — De la comparaison que nous venons de faire entre le délit civil et le délit pénal, il est facile de reconnaître que les caractères de l'un ne sont pas les mêmes que ceux de l'autre.

Le point commun au délit du droit civil et au délit du droit pénal, c'est qu'il s'agit, dans l'un comme dans l'autre, d'un fait illicite. Mais ils se séparent : 1° en ce que le délit civil suppose nécessairement et uniquement un préjudice privé, tandis que le délit du droit pénal est indépendant du dommage causé à telle ou telle personne, et suppose nécessairement une atteinte à la conservation et à l'utilité sociales. Le premier est, en quelque sorte, un délit individuel ; le second est un délit social, qui met en péril les intérêts de l'association, indépendamment de la lésion de l'intérêt privé qui peut ou non s'y rencontrer ; 2° le délit civil est innommé, indéfini ; il consiste dans tout acte illicite et dommageable ; l'autre est défini et caractérisé par la loi. De là ce principe : que les actes punissables et érigés en délits doivent avoir été prévus et formellement énumérés par la loi (1).

Le délit pénal est donc toute action ou inaction

_____

(1) Aussi pendant longtemps on a discuté la question de savoir si le duel tombait sous l'application de la loi pénale. Dernière-

prévue par la loi et punie par elle comme contraire à la justice et en même temps à l'utilité
sociale.

L'injustice ou l'immoralité de l'acte et l'intérêt
social à le réprimer étant deux conditions indispensables pour constituer un délit pénal, on
comprend que le législateur n'ait pas édicté de
peines contre certains faits très-immoraux ou
qu'à l'inverse il ait atteint des faits d'une immoralité douteuse. Ainsi : l'inceste, l'adultère du
mari, lorsque celui-ci n'entretient pas sa concubine dans la maison conjugale, l'ivrognerie, le
stellionat et une foule d'actes contraires aux
mœurs ou à la bonne foi et à la délicatesse, ne
tombent pas sous l'application de la loi pénale.
De même, à l'inverse, la plupart des contraventions de simple police, les infractions aux lois
sur les douanes, sur les contributions indirectes,
le duel, le port d'armes prohibées, les délits de
presse et les délits politiques, l'infraction à la loi
surannée du 18 novembre 1814, qui prohibe les
travaux ordinaires les dimanches et jours de fêtes
reconnues par la loi de l'État, sont des faits ré-

---

ment encore, la cour de cassation était saisie de la question
de savoir si la diffamation envers les morts était prévue par
les lois des 17 et 26 mai 1819. Son arrêt du 1ᵉʳ mai 1867,
chambres réunies, a décidé l'affirmative.

primés par la loi pénale, quoique la plupart d'entre eux ne dénotent qu'une légère immoralité et même n'en supposent aucune. On peut dire qu'en général des deux éléments constitutifs d'un acte délictueux, le législateur a surtout tenu compte, dans l'incrimination, de l'intérêt social.

CHAPITRE II

Diverses classifications des délits.
(Art. 1 et 5, C. P.)

Nous examinerons, dans deux sections distinctes : 1° la division fondamentale des diverses infractions à la loi pénale ; 2° les diverses classifications des délits qui résultent de l'ensemble des
dispositions de notre droit pénal.

SECTION PREMIÈRE

Principale division des délits ou infractions
à la loi pénale.

La division la plus importante des délits, celle
qui domine tout notre droit pénal, est celle des
crimes, des *délits* et des *contraventions.*

L'article 1er du Code pénal définit ainsi chacun d'eux :

Le crime est l'infraction que les lois punissent d'une peine afflictive ou infamante;

Le délit est l'infraction que les lois punissent de peines correctionnelles;

La contravention est l'infraction que les lois punissent des peines de police (1).

Cette division des infractions à la loi pénale en trois catégories a un grand avantage pratique; elle correspond aux trois classes de peines et aux trois ordres de tribunaux chargés de les appliquer.

Les *crimes* sont punis de peines *criminelles*, et jugés par les *cours d'assises*. Les *délits* sont punis de peines *correctionnelles*, et jugés par les tribunaux de *police correctionnelle*. Les *contraventions* sont punies de peines de *police*, et jugées par les tribunaux de *simple police*.

---

(1) Pour éviter l'obscurité et la confusion que peut faire naître l'emploi du mot délit, nous avertissons que, quand nous emploierons le mot délit seul, ce sera pour désigner toute infraction à la loi pénale. Quand nous voudrons l'employer, dans le deuxième sens indiqué plus haut, pour l'opposer au mot contravention, nous dirons délit intentionnel, et quand nous voudrons lui donner le sens technique et spécial qu'il a reçu dans le Code pénal, par opposition à la contravention de simple police et au crime, nous dirons délit de police correctionnelle ou délit correctionnel.

1.

Cette division des délits est faite au point de vue de leur gravité. On l'a critiquée, en ce que la gravité des délits est appréciée d'après le résultat de la peine encourue, et non d'après la nature et les caractères intrinsèques de chacun d'eux.

Il est vrai que c'est par lui-même, par les éléments divers dont il se compose, qu'un délit est plus ou moins grave. Aussi, ce doit être la mission du législateur d'apprécier chaque délit suivant sa gravité, afin d'y adapter la peine encourue ; mais, lorsque l'œuvre de détail du législateur est accomplie, lorsqu'il a édicté la peine pour chaque délit, il est logique, il est rationnel, en vue d'un classement à faire au point de vue de la gravité des délits, de prendre, comme mesure de cette gravité, la peine édictée. En un mot, pour chaque délit en particulier, on doit, sans doute, appliquer la maxime de Tacite : « *Distinctio pœnarum ex delicto ;* » mais, lorsqu'il s'agit, pour le législateur, de résumer son travail et de grouper, d'une manière générale, les délits suivant leur gravité, il est naturel qu'il tire de la gravité de la peine la conséquence de la gravité du délit, et qu'il renverse la maxime de Tacite, en disant : « *Distinctio delictorum ex pœna* (1). »

_____

(1) Le Code pénal a traité des crimes et des délits dans le

Cette division fondamentale des infractions à la loi pénale en *crimes, délits* et *contraventions,* présente de l'intérêt à de nombreux points de vue. Nous citerons les plus importants :

1° Au point de vue de la *compétence* et de la *pénalité*. Les crimes sont jugés par les cours d'assises et punis de peines criminelles. Les délits sont jugés par les tribunaux correctionnels et punis de peines de police correctionnelle. Les contraventions sont jugées par les tribunaux de simple police et punies de peines de simple police;

2° Au point de vue de la *tentative*. La tentative de crime est punie comme le crime même ; celle de délit n'est considérée comme délit que dans des cas exceptionnels; celle de contraventions de simple police n'est pas punissable (art. 2 et 3, C. P.);

3° Au point de vue de la *complicité*. Les com-

livre III et des contraventions de police dans le livre IV. Il a passé en revue les *crimes* et les *délits* en les distribuant d'après la considération de la personne directement attaquée par le délit, c'est-à-dire d'après la qualité du patient du délit (crimes et délits contre la chose publique : la sûreté extérieure ou intérieure de l'État, contre la Constitution, contre la paix publique. — Crimes et délits contre les particuliers : contre les personnes, contre les propriétés).

Les *contraventions de police* ont été rangées en trois classes, suivant le taux de l'amende encourue (première classe, de 1 à 5 fr. d'amende; deuxième classe, de 6 à 10 fr.; troisième classe, de 11 à 15 fr.).

plices d'un crime ou d'un délit sont, en principe, punis de la même peine que les auteurs. En matière de contraventions de simple police, la complicité n'est punie que très-exceptionnellement;

4° Au point de vue du *cumul* (concours de délits à punir). En cas de cumul de crimes ou de délits, en général, la peine la plus forte est seule prononcée (365 et 379, C. I. cr.). En cas de cumul de contraventions de simple police, les peines sont cumulées, c'est-à-dire additionnées;

5° Au point de vue de la *récidive*. La récidive de crime ou de délit, lorsqu'elle donne lieu à une aggravation légale de peine, est une récidive *générale,* pour laquelle on ne tient compte ni du temps ni du lieu. La récidive, en matière de contraventions de simple police, est une récidive *spéciale,* qui suppose, pour une aggravation légale de peine, une contravention suivie d'une contravention du même ordre de gravité, et, en outre, des circonstances de temps et de lieu;

6° Au point de vue du droit de punir les infractions à la loi pénale commises *en pays étranger.*

Pour crime commis en pays étranger, le Français peut toujours être poursuivi en France.

Pour un fait qualifié délit par notre loi pénale, il ne peut être poursuivi en France qu'autant que le fait est également puni par la législation du pays où il a été commis.

Pour une contravention de simple police, le Français n'est pas punissable en France.

Quant à l'étranger, il n'est punissable en France que pour certains crimes contre l'État (L. du 27 juin 1866, modifiant les art. 5, 6, 7, C. I. cr.);

7° Au point de vue de *l'application des circonstances atténuantes.* En toute matière criminelle, même lorsqu'il s'agit de crimes prévus par des *lois spéciales,* des circonstances atténuantes peuvent être reconnues au profit de l'accusé.

En matière de délits de police correctionnelle ou de contraventions de simple police, des circonstances atténuantes peuvent être déclarées pour tous ceux prévus par le Code pénal. S'il s'agit, au contraire, de délits ou de contraventions prévus par des lois spéciales, le bénéfice des circonstances atténuantes ne peut être appliqué qu'autant que les lois spéciales l'ont formellement permis ;

8° Au point de vue de *l'instruction préparatoire.* Cette instruction est nécessaire en cas de crime, et facultative en cas de délit ; elle n'a pas lieu en cas de contravention de simple police ; en outre, les divers mandats qui viennent restreindre la liberté individuelle de l'inculpé, sauf l'obtention de sa liberté provisoire, ne peuvent être délivrés qu'en matière criminelle ou correctionnelle. En matière de contraventions de simple police, la détention préalable n'a jamais lieu ;

9° Au point de vue de la *prescription :* soit de l'action publique, soit de la peine.

L'action publique se prescrit : par dix ans, pour les crimes ; par trois ans, pour les délits de police correctionnelle, et par un an, pour les contraventions de simple police ;

La peine se prescrit : par vingt ans, pour les crimes ; par cinq ans, pour les délits de police correctionnelle, et par deux ans, pour les contraventions de simple police; .

10° Au point de vue de la *révision.* Dans les cas très-exceptionnels où une demande en révision d'un procès pénal peut avoir lieu, ce ne peut être qu'à la suite d'une condamnation pour crimes ou même pour délits, depuis la nouvelle loi du 11 mai 1867.

Il n'y a jamais lieu à un procès en révision en matière de contraventions de simple police;

11° Au point de vue de la *solidarité* pour le payement de l'amende. D'après l'article 55 du Code pénal, les individus condamnés pour un même crime ou pour un même délit sont tenus *solidairement* des *amendes,* aussi bien que des restitutions, dommages-intérêts et frais. Comme cette solidarité, relativement à l'amende, qui est une peine, est contraire aux principes du droit pénal, qui veulent que les peines soient personnelles, il ne faut pas l'appliquer à l'amende pour contraventions de simple police (1).

SECTION II

Diverses autres classifications des délits.

Indépendamment de la division principale adoptée par notre Code pénal en crimes, délits et contraventions, plusieurs autres divisions et classifications peuvent être faites des délits. Nous allons passer en revue celles qu'il est le plus important de connaître :

Délits d'action ou d'inaction.

Le fait constitutif du délit peut être une action ou une inaction. En effet, la loi pénale défend ou

(1) Nous pouvons, en outre, observer qu'en règle générale l'intention est un élément constitutif du crime ou du délit, tandis que le plus souvent elle n'est pas nécessaire pour la contravention de simple police. Enfin, si la minorité de seize ans doit être prise en considération pour les crimes ou les délits, c'est une question de savoir si l'on doit y avoir égard en matière de contraventions de simple police (66 à 69, C. P.).

ordonne ; elle est *prohibitive* ou *impérative*. Il y
aura délit d'action, lorsqu'on aura fait ce qu'elle
défend, et délit d'inaction, lorsqu'on n'aura pas
fait ce qu'elle ordonne (*culpa in committendo,
culpa in omittendo*). En tout cas, l'acte défendu
ou ordonné doit être expressément prévu par la
loi pénale.

En général, la loi pénale est prohibitive : elle
défend tel ou tel acte ; aussi la plupart des délits
sont des délits d'action : le meurtre, les coups ou
blessures, le vol, l'incendie, etc.

Quelquefois, cependant, le législateur commande à notre activité ; il exige l'accomplissement
d'un certain acte sous une sanction pénale ; par
exemple : l'obligation de déposer comme témoin
en justice ; l'obligation pour un fonctionnaire de
prêter serment avant d'entrer en fonctions (196,
C. P.); de remplir la mission de juré, de faire le
service de la garde nationale ; de déclarer un accouchement (346) ; d'éclairer des matériaux ou
excavations dans les rues (471, n° 4), etc.

Le législateur ordonne même de porter secours
ou assistance. C'est ainsi que l'art. 475, n° 12, du
Code pénal, punit d'une amende de 6 à 10 francs
« ceux qui, le pouvant, auront refusé ou négligé
de faire les travaux, le service, ou de prêter le secours dont ils auront été requis, dans les circon-

stances d'accident, tumulte, naufrage, inondation, incendie ou autres calamités, ainsi que dans les cas de brigandage, pillage, flagrant délit, clameur publique ou d'exécution judiciaire. »

Nous trouvons encore des exemples de ces délits d'inaction dans les art. 234 à 236, C. P.

Délits intentionnels et délits non intentionnels
appelés aussi contraventions.

A l'occasion des diverses acceptions du mot délit, nous avons déjà fait remarquer que le délit, pris par opposition à contravention, désignait la faute intentionnelle, et la contravention la faute non intentionnelle.

Le délit intentionnel est celui dans lequel l'intention est une condition essentielle pour qu'il y ait punition. Le délit non intentionnel, ou contravention, désigne un fait matériel (*contra venire*), une infraction à la loi, punissable, abstraction faite de toute intention.

Il n'est donc pas vrai de dire qu'un acte n'est punissable qu'autant qu'il y a eu intention, que c'est l'intention qui constitue la culpabilité.

En effet, dans notre Code pénal, la plupart des contraventions de simple police sont des délits non intentionnels. Ce n'est que dans des cas très-

exceptionnels que l'intention est un élément nécessaire à la punition (art. 475, n° 8, et 479,
n°ˢ 1 et 9, C. P.).

Il est vrai que, pour les crimes et les délits de
police correctionnelle, la règle générale est qu'ils
constituent des délits intentionnels, qu'ils ne sont
punissables qu'autant qu'il y a eu intention de
délinquer. Mais cette règle souffre de nombreuses
exceptions. Ainsi l'homicide par imprudence, les
blessures et coups involontaires, sont des délits
non intentionnels punis cependant de peines de
police correctionnelle (art. 319 à 320, C. P.). Ainsi
les officiers de l'état civil qui ont inscrit leurs
actes sur de simples feuilles volantes, ou qui ne se
sont point assuré pour un mariage de l'existence
du consentement des ascendants ou du conseil de
famille, ou qui ont procédé à la célébration du
mariage d'une veuve avant dix mois révolus depuis la dissolution de son précédent mariage,
sont punis de peines de police correctionnelle
(art. 192 à 194, C. P.). De même, le fait de procéder à une inhumation sans autorisation préalable
est un délit de police correctionnelle, quoiqu'il ne
constitue qu'un délit non intentionnel (art. 358,
C. P.).

Mais c'est surtout dans les lois spéciales qu'on
rencontre l'application de cette distinction des

délits intentionnels et des délits non intentionnels.
C'est ainsi, notamment, qu'à l'occasion des lois sur
la presse on distingue les délits et les contraven_
tions de presse, constituant les uns et les autres
des délits de police correctionnelle. Le Code
forestier, les lois sur la chasse, sur la pêche
fluviale, sur la voirie, et la loi du 15 juillet 1845,
art. 19 à 21, sur la police des chemins de fer, nous
présentent de nombreuses applications de cette
distinction.

Un délit non intentionnel peut même constituer un crime puni d'une peine criminelle. Nous
en avons un exemple remarquable dans le Code
pénal, art. 200. Ce dernier article punit de la détention, lorsqu'il y a une seconde récidive, le fait,
par le ministre d'un culte, de procéder aux céré-
monies religieuses d'un mariage, sans qu'il lui ait
été justifié d'un acte de célébration de mariage
reçu par l'officier de l'état civil. Nous avons encore
un exemple semblable dans l'art. 10 de la loi
du 3 mars 1822 sur la police sanitaire.

— Parmi les délits non intentionnels, il faut
remarquer ceux qui constituent des infractions
aux prohibitions ou injonctions établies pour la
bonne administration du pays, et qu'on appelle
contraventions de *police*. Il y a les contraventions
à la police générale et les contraventions à la po-

lice locale, et notamment à la police municipale. Un grand nombre des contraventions de simple police, prévues dans notre Code pénal, se rapportent à la police municipale, et la plupart d'entre elles, ainsi que nous l'avons déjà dit, sont des délits non intentionnels.

Délits ordinaires et délits spéciaux, et particulièrement délits non militaires et délits militaires.

D'après le sens naturel des mots *ordinaires* et *spéciaux,* on doit entendre par délits ordinaires ceux qui sont la violation de devoirs généralement reconnus en tout temps et en tout pays, et par délits spéciaux ceux qui portent atteinte à des devoirs spéciaux, variables suivant les temps et les lieux.

En droit positif, ces qualifications prennent un sens plus précis, plus déterminé, suivant les différents points de vue auxquels on se place.

Dans un sens assez fréquemment usité, on entend par délits ordinaires ceux qui sont prévus par le Code pénal, et par délits spéciaux ceux qui sont régis par des lois spéciales. Au nombre de ces derniers, nous citerons : les délits forestiers, les délits de chasse, de pêche, de douanes, de contributions indirectes, les délits de presse. On considère, dans ce premier sens, la généralité ou la spécialité du texte législatif.

L'intérêt de cette distinction se présente surtout au point de vue de l'application des circonstances atténuantes. En effet, pour les crimes prévus par des lois spéciales, aussi bien que pour ceux prévus par le Code pénal, des circonstances atténuantes peuvent toujours être déclarées. Au contraire, pour les délits de police correctionnelle et pour les contraventions de simple police, prévus par des lois spéciales, le bénéfice des circonstances atténuantes ne peut leur être appliqué qu'autant qu'un texte formel des lois spéciales l'a permis.

Dans un autre sens, on appelle délits ordinaires ou de droit commun, ceux qui peuvent être commis par la généralité des citoyens, parce qu'ils sont la violation de devoirs imposés à tous, et délits spéciaux, ceux qui ne peuvent être commis que par certains individus, parce qu'ils supposent la violation de devoirs qui leur sont exceptionnellement imposés. C'est ainsi qu'on opposera les délits de droit commun aux délits militaires, aux délits maritimes, aux délits professionnels. Cette distinction est tirée de la généralité ou de la spécialité des personnes auxquelles la loi pénale est applicable.

Dans un troisième sens, les délits ordinaires seront ceux qui sont jugés par les tribunaux ordinaires, et les délits spéciaux ceux qui doivent être jugés par des tribunaux exceptionnels, comme les délits de l'armée de terre et de l'armée de mer. Ici les qualifications se rapportent à la généralité ou à la spécialité de la juridiction.

Ces différentes acceptions ont entre elles des rapports intimes ; mais elles ne doivent pas être confondues, car elles ne rentrent pas nécessairement les unes dans les autres. Ainsi les délits spéciaux, dans le premier sens de notre droit positif, peuvent être commis par toute personne et sont le plus souvent de la compétence des tribunaux ordinaires. Un certain nombre de délits spéciaux, dans le second sens, sont prévus par le Code pénal; tels sont : les délits des fonctionnaires publics dans l'exercice de leurs fonctions (art. 166 et suiv., C. P.), des officiers de l'état civil (art. 192 à 195, C. P.), des ministres des cultes (art. 199 à 208, C. P.); et la plupart des délits professionnels, même prévus par des lois spéciales, sont également de la compétence des tribunaux ordinaires. Enfin les délits spéciaux, qui sont tels en raison de la spécialité de juridiction, sont souvent aussi

prévus par le Code pénal et, quoique soumis à
une juridiction spéciale, ils pourraient avoir été
commis par une personne quelconque. C'est ainsi
que les tribunaux militaires appliquent même aux
militaires notre Code pénal, pour tous les délits
qui n'ont pas été prévus par le Code de justice de
l'armée, et qu'ils connaissent, même pour des
non militaires, de divers délits dont ces non militaires seraient les auteurs, notamment s'ils
avaient été commis à l'armée sur territoire étranger, ou en France devant l'ennemi (art. 62 et 63
du Code de justice militaire, du 9 juin 1857), sans
préjudice de leur droit de juridiction en certains
cas de complicité (art. 77 dudit Code).

Ces observations nous conduisent naturelle-
ment à l'explication de l'art. 5 du Code pénal,
ainsi conçu :

« *Les dispositions du présent Code ne s'appliquent*
« *pas aux contraventions, délits et crimes mili-*
« *taires.* »

Cet article ne signifie pas que tous les délits
commis par des militaires ne tomberont pas sous
l'application du Code pénal. Les militaires, en
effet, peuvent se rendre coupables de délits de
droit commun, et les peines qui leur seront appliquées seront celles du Code pénal (art. 267 du
Code de 1857). Leur qualité de militaires aura

seulement pour effet de les rendre, en principe, et sauf le cas de complicité, justiciables des tribunaux militaires.

Tous les délits des militaires ne sont donc pas des délits militaires; la qualité de militaire chez l'agent ne fait pas nécessairement que son délit soit un délit militaire.

Les délits militaires comprendront d'abord les délits qui ne peuvent être commis que par des militaires, comme les voies de fait envers les supérieurs, les insoumissions, les désertions, etc.; mais ce ne sont pas là tous les délits militaires. Il peut arriver qu'un individu non militaire se rende coupable d'un délit militaire, puni spécialement par le Code militaire : tel est le crime d'embauchage, qui est puni de mort (art. 208 du Code de 1857).

Il peut se faire aussi qu'un délit de droit commun dégénère en délit militaire, par suite de la qualité de l'agent et de certains éléments de fait du délit. Ainsi le vol par un militaire d'armes et de munitions, de l'argent de l'ordinaire, de la solde, de deniers ou effets appartenant à des militaires, constitue un délit militaire puni de peines spéciales (art. 248 du Code de 1857); et tout individu recéleur serait soumis à l'application des mêmes peines (art. 247 du même Code). Si, au contraire, le même fait eût été commis par un non militaire, il n'eût été qu'un délit ordinaire puni par le Code pénal.

Le délit militaire dont parle l'art. 5 du Code pénal est donc un délit spécial, caractérisé et puni comme tel par le Code de justice militaire (loi du 9 juin 1857, sur l'armée de terre ; loi du 4 juin 1858, sur l'armée de mer).

La distinction des délits militaires et des délits non militaires offre plusieurs intérêts :

1° Les délits militaires sont jugés par des tribunaux exceptionnels, c'est-à-dire habituellement par les conseils de guerre ;

2° Les peines édictées par le Code de justice militaire ne sont pas toujours les mêmes que celles édictées par le Code pénal ;

3° Les peines de la récidive ne s'appliquent à l'individu condamné par un tribunal militaire ou maritime, qu'autant que la première condamnation a été prononcée pour des crimes ou délits punissables d'après les lois pénales ordinaires (art. 56 *in fine*, C. P.) ;

4° Le bénéfice des circonstances atténuantes n'a été autorisé que dans certains cas exceptionnels pour les crimes et délits prévus par le Code de justice militaire.

Délits politiques et délits non politiques.

Il est assez difficile de définir exactement ce qu'on entend par délit politique. On peut dire, d'une manière générale, qu'un délit est politique lorsque l'État se trouve directement lésé dans un droit touchant à son organisation sociale et politique et qu'il a un intérêt politique à la répression.

Il peut être commis par un ami, aussi bien que par un ennemi du gouvernement, notamment dans le cas de fraude ou de corruption en matière électorale.

Le délit politique peut léser un individu en même temps que l'État. Ainsi, qu'un fonctionnaire public, dans l'exercice de ses fonctions, se rende coupable d'une séquestration illégale, il y a une violation de deux droits de même nature, de deux droits politiques : celui de l'individu lésé dans un droit social qui lui est propre et celui de l'État lésé par là même dans les conditions de son organisation sociale qui garantit la liberté individuelle.

Le caractère du délit sera plus difficile à déterminer si le même fait contient la violation de deux droits différents : les uns politiques, les autres non politiques. La règle à suivre pour la qualification du fait consiste à rechercher quel est celui des deux délits qui est le plus grave et que la société a le plus d'intérêt à punir. Ainsi le fait, dans un but d'agression politique, de dépaver les rues, d'abattre des arbres, d'enlever des armes dans un arsenal ou dans la boutique d'un armurier, de détruire les télégraphes, les rails d'un chemin de fer, constitue moins une atteinte aux droits de police générale, ou aux droits de propriété de l'État ou d'un particulier, qu'un acte d'hostilité contre la constitution et l'organisation sociales. Ce fait devra, dès lors, être considéré comme un délit politique.

L'intérêt de distinguer les délits politiques des délits non politiques se présente sous plusieurs rapports :

1° Pour *crime* politique, la peine de mort est abolie depuis la révolution de 1848. — Toutefois, l'attentat, non pas seulement contre la vie, mais contre la personne du chef de l'État, est punie de la peine du parricide (art. 86, C. P., modifié par la loi du 10 juin 1853) ;

2° Les peines *criminelles,* en matière politique, diffèrent, en général, des peines de droit commun et forment une échelle spéciale, surtout depuis la loi de révision de 1832 ;

3° La condamnation pour crimes et pour délits de police correctionnelle intéressant la sûreté intérieure ou extérieure de l'État entraîne toujours la surveillance de la haute police (art. 49, C. P.).

— Nous pouvons ajouter qu'avant 1852 les délits de police correctionnelle politiques et ceux de la presse, lorsqu'ils étaient intentionnels, étaient soumis à la juridiction du jury. Depuis 1852, ces délits sont de la compétence des tribunaux correctionnels, et il est interdit de rendre compte des débats pour délits de presse (1).

Délits instantanés et délits continus ou successifs.

Le délit instantané est celui qui, une fois commis, se termine aussitôt sans pouvoir se prolonger.

La plupart des délits sont des délits instanta-

---

(1) Il est à regretter que le projet de loi sur la presse, soumis actuellement au Corps législatif n'ait pas rétabli la juridiction du jury. Les délits politiques et surtout les délits de presse sont des délits variables, comme l'opinion publique, dont ils ne sont souvent que la traduction. C'est à l'opinion publique, c'est au jury, représentant directement le pays, à les reconnaître et à les apprécier. Les verdicts du jury ne seraient-ils pas souvent de salutaires leçons pour le gouvernement qui pourrait se méprendre sur les tendances et les besoins de la nation ?

nés. Parmi les délits d'action nous citerons : l'homicide, l'incendie, les coups ou blessures, le vol, la bigamie, l'évasion de détenus. Parmi les délits d'inaction nous citerons : la non comparution d'un juré ou d'un témoin, l'omission d'une déclaration d'accouchement ou de la remise d'un enfant nouveau-né qui aurait été trouvé (art. 346 à 347, C. P.).

Le délit continu ou successif est celui qui, après avoir été commis, peut se prolonger et durer un temps plus ou moins long. Nous donnerons pour exemples, parmi les délits d'action : le port d'armes contre la patrie, la détention de munitions ou armes de guerre prohibées, la détention de faux poids ou de fausses mesures, les séquestrations illégales, le fait de tenir une maison de jeu, d'entretenir une concubine dans la maison conjugale, et, parmi les délits d'inaction : le fait de n'avoir pas éclairé des matériaux ou des excavations dans les rues (art. 471, n° 4, C. P.), le fait de n'avoir pas mis une plaque sur les voitures circulant sur les routes impériales, départementales ou sur les chemins vicinaux de grande communication (art. 3 de la loi du 30 mai 1851 sur la police du roulage).

Le délit instantané reste tel, malgré la continuité du mal. L'action ou l'inaction qui le consti-

2.

tue et l'a engendré est indépendante des suites et
de la durée des résultats plus ou moins préjudi-
ciables que ce délit a pu produire.

Le délit continu est un délit unique, quoique le
mot successif, employé aussi pour le qualifier,
semble réveiller l'idée de plusieurs délits se suc-
cédant sans interruption. Il se continue, en effet,
identique à lui-même : c'est un délit plus ou
moins prolongé. Et sa durée est quelquefois prise
en considération par le législateur lui-même,
comme dans le cas de séquestration (art. 341 à
343, C. P.).

Il est quelquefois difficile de distinguer les délits instantanés des délits continus.

Ainsi, le recel et le complot sont par eux-mêmes des délits instantanés ; mais les actes qui les
font naître peuvent être renouvelés de manière à
les continuer et à les prolonger.

Quant à l'enlèvement de mineurs et au rapt par
séduction (art. 354 et 356, C. P.), il faut décider,
malgré les tendances contraires de la jurisprudence, qu'ils constituent des délits instantanés.

Indépendamment de la continuité physique
dont nous venons de parler, il y a la continuité
morale, qui suppose plusieurs actes séparés, ne
formant cependant qu'un seul et même délit,
parce qu'ils ont été répétés plus ou moins long-

temps dans un même but. C'est ce qui arrive, par exemple, dans le cas de coups portés ou de blessures faites à plusieurs reprises dans une même scène de violence ; ou pour les crimes consistant à pratiquer des machinations ou manœuvres, ou à entretenir des intelligences ou des correspondances coupables contre la France avec des puissances étrangères ou ennemies (art. 76, 77, 207, 208, C. P.). On pourra voir également une continuité morale dans l'usage d'un faux passeport, d'une fausse feuille de route, présentés à chaque réquisition dans le cours d'un même voyage.

L'intérêt de distinguer les délits instantanés et les délits continus se présente :

1° Au point de vue de la pénalité. La durée plus ou moins longue des délits continus pourra être prise en considération par le juge dans l'application de la peine, sans préjudice des cas où le législateur lui-même en aurait tenu compte, comme dans la séquestration ;

2° Au point de vue de la prescription. Pour les délits instantanés, la prescription de l'action publique court du jour où ils ont été commis ; pour les délits continus, qui sont des délits uniques et prolongés, la prescription ne commence à courir que du jour où les actes de continuité auront cessé, c'est-à-dire du moment où les délits ont pris fin.

Délits simples et délits collectifs ou d'habitude.

Le délit simple est celui pour lequel un fait
unique, isolé, suffit pour qu'il soit punissable. La
plupart des délits sont dans ce cas.

Le délit collectif ou d'habitude est celui qui
exige la réunion de plusieurs faits du même genre
pour tomber sous l'application de la loi pénale.
La pluralité des faits est alors une condition *sine
qua non* du délit. Nous avons, dans notre droit
pénal, plusieurs exemples de ces délits d'habitude,
notamment : le délit d'usure, d'après l'art. 4 de
la loi du 3 septembre 1807 et l'art. 2 de la loi du
19 décembre 1850. Il est à remarquer que, pour
le délit d'usure, l'habitude n'est plus exigée pour
qu'il y ait récidive ; celle-ci résultera d'un seul
fait nouveau d'usure survenu dans les cinq ans,
depuis la première condamnation. Dans cette ca-
tégorie des délits d'habitude se rangent encore :
le délit d'attentat aux mœurs en excitant, favori-
sant ou facilitant *habituellement* la débauche ou la
corruption de la jeunesse de l'un ou de l'autre
sexe au-dessous de vingt et un ans (art. 334,
C. P.) ; le délit des mendiants d'habitude, valides
(art. 275, C. P.) ; le cas où la loi assimile à des
complices ceux qui, connaissant la conduite des

malfaiteurs exerçant des brigandages ou des violences contre la sûreté de l'État, la paix publique,
les personnes ou les propriétés, leur fournissent
habituellement logement, lieu de retraite ou de
réunion (art. 61, C. P.).

Il n'est pas nécessaire, pour qu'il y ait délit
d'habitude, qu'il y ait pluralité de victimes. Ainsi
l'individu qui prête plusieurs fois avec des intérêts usuraires au même débiteur se rend coupable
du délit d'usure.

— L'intérêt de distinguer les délits simples des
délits d'habitude se présente principalement au
point de vue de la prescription de l'action publique. Pour les délits simples qui sont engendrés
par un seul fait, le temps de la prescription court
à compter du jour où ce fait a eu lieu. — Pour les
délits collectifs ou d'habitude qui supposent un
ensemble de faits, aucun des faits] qui servent à
les constituer n'est susceptible isolément de prescription.

Délits flagrants ou non flagrants.

Le délit est flagrant (en feu) au moment même
où il se commet, à l'instant où le coupable l'exécute. Outre cette flagrance proprement dite, notre
Code pénal reconnaît différentes situations qui

se rapprochent de la flagrance, et qu'il a quelque fois assimilées à celle-ci.

L'art. 41 du Code d'instruction criminelle définit ainsi le délit flagrant et les divers cas qui doivent y être assimilés : « Le délit qui se commet actuellement ou qui vient de se commettre est un « flagrant délit; — seront aussi réputés flagrant « délit le cas où le prévenu est poursuivi par la « clameur publique, et celui où le prévenu est « trouvé saisi d'effets, armes, instruments ou pa- « piers faisant présumer qu'il est auteur ou com- « plice, pourvu que ce soit dans un temps voisin « du délit. »

Il faut remarquer que cette définition est donnée spécialement au point de vue des attributions qui sont faites aux autorités chargées de l'instruction préparatoire. Il ne faut pas l'appliquer nécessairement à d'autres objets.

Cette distinction des délits flagrants ou non flagrants est d'un grand intérêt pratique, soit au point de vue de la pénalité, soit surtout au point de vue de la compétence et de la procédure. Nous donnons sommairement les cas d'application de l'utilité de cette distinction :

1° La légitime défense suppose un flagrant délit, puisqu'elle exige un péril imminent (art. 328, C. P.); — l'excuse tirée de a provocation par coups ou

violences graves (art. 321, C. P.), ou du flagrant
délit d'adultère de la femme (art. 324, C. P.), ou
d'un outrage violent à la pudeur (art. 325, C. P.),
suppose un délit flagrant, ou du moins qui vient
de se commettre. L'article 475, n° 12, C. P., prévoit également, pour l'obligation de porter secours, le cas de flagrant délit et de clameur publique. Les art. 97, 100, 213, 274, 277 et 278 se
réfèrent encore à divers cas où il y a intérêt de
distinguer le flagrant délit au point de vue de la
pénalité ;

2° Le procureur impérial et ses auxiliaires peuvent, en cas de flagrant délit de nature à entraîner
une peine afflictive ou infamante, faire les actes
de l'instruction préparatoire (art. 32 et 49, C. I. cr.)
et le juge d'instruction peut les faire directement
(art. 59 et 60, C. I. cr.). — C'est surtout à l'égard
de ces attributions de compétence qu'a été faite la
définition du flagrant délit dans l'art. 41, C. I. cr.
— Des attributions analogues, au point de vue de
l'arrestation ou de la délivrance d'un mandat
d'amener, se retrouvent encore dans les art. 16,
40 et 106, C. I. cr. (1) ;

(1) S'il s'agit de faits commis à l'audience ou dans un lieu
où se fait une instruction judiciaire, il faut appliquer, soit pour
le jugement rendu séance tenante, soit pour l'instruction préalable, les art. 504 et s., C. I. cr.

3° Dans le cas de simple délit de police correctionnelle *flagrant,* la loi du 20 mai 1863 permet de conduire immédiatement l'inculpé devant le procureur impérial, qui l'interroge et le traduit, au besoin, sur-le-champ, devant le tribunal correctionnel ;

4° Un député, pendant la session du Corps législatif, ne peut être poursuivi et arrêté, en matière criminelle, qu'après autorisation de poursuites par le Corps législatif, excepté *en cas de flagrant délit* (art. 11 de la loi organique du 2 février 1852). De même, un sénateur peut, sans l'autorisation du Sénat, être arrêté pour *crime flagrant* (art. 6 du S.-C. du 4 juin 1858).

CHAPITRE III

De la tentative.

(Articles 2 et 3 du Code pénal.)

I. — TRANSITION A LA TENTATIVE.

La loi ne punit que les actions ou inactions qui sont contraires à la justice et à l'intérêt social. La seule pensée criminelle, les seuls actes de la vie interne (pensée, désir, projet, résolution) quelque coupables et immoraux qu'ils puissent être, ne suffisent pas pour constituer un délit. La pénalité sociale n'atteint que les actes de l'activité extérieure, et le plus souvent la loi pénale ne frappe l'agent que quand il a produit un certain mal qui sert à caractériser et à dénommer le délit. On dit alors que le délit a été *consommé*.

Mais, entre la pensée d'un délit et la réalisation du mal, qui devait le constituer, il y a une série

3

d'actes intermédiaires qui tiennent à l'activité extérieure et qui, dans certains cas, peuvent être incriminés, parce qu'ils présenteraient le double caractère : d'être injustes et dangereux pour l'ordre social.

Parmi ces actes de l'activité extérieure que le législateur a incriminés, quoiqu'ils n'aient pas produit un certain mal déterminé, nous trouvons :

1° La résolution manifestée au dehors par menaces, ou arrêtée par concert entre plusieurs. Les menaces sont punies dans les cas prévus par les art. 305 à 307 et 436, C. P., et dans les art. 223 et 224, C. P. Le complot en vue des crimes mentionnés dans les art. 86, 87 et 91 est plus ou moins puni, suivant qu'il y a eu ou non des actes préparatoires. Les associations de malfaiteurs sont également punies dans les art. 265 et suiv., C. P.;

2° Des actes préparatoires. Certains de ces actes seront punis, soit parce qu'ils constituent en eux-mêmes des délits particuliers, abstraction faite d'un autre délit auquel ils pouvaient servir de préparation, comme le port d'armes prohibées (art. 314, C. P.), soit parce qu'ils sont destinés à procurer l'exécution d'un délit déterminé, comme dans le cas du complot formé en vue des crimes prévus aux art. 86 et 87, lequel est puni, lorsqu'il y a eu des actes préparatoires, par les art. 89 et 90;

3° Enfin la tentative, qui suppose des actes d'exécution.

II. — DE LA TENTATIVE. — SES CARACTÈRES ET SES DIVERSES VARIÉTÉS.

La tentative consiste dans des actes d'exécution qui n'ont cependant pas produit le mal constitutif du délit. Son étymologie indique elle-même qu'elle n'existe qu'autant que l'agent s'est mis à l'œuvre du délit, qu'il a fait les actes tendant à produire par eux-mêmes le mal qui en était la fin (*tentare, tenere,* tâter, porter la main, d'où aussi attentat : *ad tentare,* tendance vers le résultat) (1).

Pour comprendre les cas dans lesquels la tentative est punissable, il faut distinguer les diverses gradations dont elle est susceptible.

(1) L'expression attentat était celle employée dans l'ancien droit pour désigner la tentative ; et comme celle-ci n'était punie à l'égal du crime consommé que dans les crimes atroces (lèse-majesté, parricide, empoisonnement, assassinat et incendie), l'expression attentat nous est restée dans le langage vulgaire pour désigner les grands crimes : soit tentés, soit consommés. Il est même à remarquer que les crimes d'empoisonnement et d'incendie sont définis par les actes mêmes qui constituent la tentative (art. 301, 434 et s., C. P.). La qualification d'attentat se rencontre encore avec un sens un peu corrompu dans les articles 114 (attentats à la liberté) et 330 et s. (attentats aux mœurs, à la pudeur).

La tentative peut être *inachevée* ou *achevée*.

Elle est *inachevée ou suspendue,* lorsque l'agent, avant d'avoir mené à fin les actes d'exécution, s'est arrêté volontairement ou a été arrêté contre son gré dans le cours de ces actes.

Elle est *achevée* lorsque les actes d'exécution ont été tout à fait accomplis sans que le mal ait été produit. Dans ce cas le délit est appelé délit *manqué,* par opposition au délit *consommé,* qui suppose que les actes d'exécution ont réalisé le mal constitutif du délit.

III. — CAS DANS LESQUELS LA TENTATIVE EST PUNISSABLE.

Les règles de pénalité relatives à la tentative varient suivant qu'il s'agit de crimes, de délits de police correctionnelle ou de contraventions de simple police.

Tentative de crimes. — A l'égard des *crimes,* l'art. 2 du Code pénal est ainsi conçu : « Toute « tentative de crime qui aura été manifestée par « un commencement d'exécution, si elle n'a été « suspendue ou si elle n'a manqué son effet que « par des circonstances indépendantes de la vo- « lonté de son auteur, est considérée comme le « crime même. »

Il résulte de cet article :

1° Que la tentative punissable a son point de départ dans un commencement d'exécution. La question de savoir s'il y a ou non commencement d'exécution est un point de fait abandonné à l'appréciation des juges. On ne devra pas considérer comme des actes d'exécution : le fait de se munir d'échelles, d'armes, de fausses clés; le fait d'armer un fusil et de se mettre en embuscade ; le fait d'acheter un poison et de le mettre dans un breuvage. Ce sont là des actes simplement préparatoires, qui ne révèlent pas assez sûrement l'intention de l'agent, et qui sont trop éloignés encore de l'exécution pour qu'on puisse, en général, les incriminer. En tout cas, ils ne constituent pas la tentative : soit d'un vol avec escalade ou effraction, ou fausses clés; soit de meurtre ou d'assassinat, soit d'empoisonnement. Ces actes préparatoires pourront, il est vrai, dans certains cas, être frappés de peines et se trouver érigés en délits ; mais ils constitueront des délits particuliers, des délits *sui generis*, indépendants de tel ou tel acte criminel auquel ils pouvaient servir de préparation. C'est ainsi que le port d'armes prohibées constitue par lui-même un délit de police correctionnelle (314, C. P.). On peut voir également des exemples analogues dans les art. 277 et 399, C. P.

Au contraire, on verra des actes d'exécution

dans le fait par l'agent, en cas de vol, d'avoir mis la main sur les objets à soustraire ; en cas d'homicide, d'avoir porté des coups à la victime, ou tiré sur elle son arme à feu ; en cas d'incendie, d'avoir mis le feu à des matières inflammables. Dans certains cas, l'appréciation sera délicate. Ainsi l'agent a dressé l'échelle et accompli l'escalade ; il a ouvert ou brisé les portes ; il a saisi son adversaire sur la route ; il a remis le breuvage empoisonné ; il approche la lumière ou le feu destiné à l'incendie. Devra-t-on nécessairement, dans ces faits, reconnaître un commencement d'exécution d'un vol, d'un meurtre, d'un empoisonnement, d'un incendie ?

Il peut arriver, par exemple, que l'escalade ou l'effraction ait eu lieu dans le but d'un enlèvement ou d'un viol, et il ne serait guère possible de les considérer comme des tentatives de viol ou d'enlèvement. Les juges auront donc à apprécier, d'après les circonstances, les caractères de ces actes, le but auquel ils tendaient. Il ne faut pas interpréter d'une façon trop subtile les conditions de la tentative qui suppose un commencement de l'acte constitutif du délit. Nul doute, par exemple, qu'il n'y ait tentative lorsqu'un voleur brise les portes de l'appartement, brise le coffre-fort qui doit contenir des valeurs et se trouve

arrêté avant d'avoir mis la main sur les titres ou billets de banque qui y étaient renfermés ;

2° Que la tentative est punissable, lorsqu'elle a
été suspendue (tentative inachevée) ou lorsqu'elle
a manqué son effet (tentative achevée, délit manqué) par des circonstances indépendantes de la
volonté de l'auteur.

Que faudrait-il décider si le délit était impossible? S'il s'agit d'une impossibilité radicale, absolue, il ne peut y avoir tentative. Ainsi un homme
tire sur un tronc d'arbre, croyant tirer sur son ennemi ; une femme prend des substances pour se
faire avorter et elle n'était pas enceinte. L'agent
coupe des arbres dans un bois qu'il croit à autrui
et ce bois est à lui. Dans tous ces cas il ne peut y
avoir punition, car il n'y a pas tentative. La tentative, en effet, suppose des actes d'exécution ina-
chevés ou achevés. Or, on ne peut faire en partie
ce qui est impossible en tous points et la tentative
achevée, qui constitue le délit manqué, suppose
que le mal pouvait être produit; on ne commence
et on n'achève que ce qui est possible;

3° Qu'en conséquence, la tentative suspendue
par la volonté de l'auteur n'est pas punissable. Le
motif de cette impunité c'est qu'on a voulu donner
à l'auteur un immense intérêt de s'arrêter. L'utilité sociale commandait de négliger l'immoralité

de l'agent. — Il faut observer toutefois que l'impunité ne s'applique qu'au délit dont il y a eu tentative; mais si les actes d'exécution constituaient en eux-mêmes un délit complet, par exemple, si l'agent, ayant voulu tuer, s'est arrêté après un premier coup qui n'a fait qu'une blessure plus ou moins grave, la peine du délit de coups et blessures lui serait appliquée :

4° Que la tentative de crime est punie comme le crime même.

Cette assimilation de la tentative au crime consommé est certainement contraire à la nature et à la vérité des choses. Elle n'est même pas en harmonie avec d'autres dispositions du Code pénal où le législateur a tenu compte du résultat plus ou moins préjudiciable du délit (art. 309 et 311, 319 et 320, 349-351).

Dans l'ancien droit, ce n'est qu'à l'égard des crimes qualifiés atroces (lèse-majesté, parricide, empoisonnement, assassinat et incendie) que la tentative était punie comme le crime consommé.

Le Code pénal de 1791 n'établit l'assimilation que pour l'assassinat et l'empoisonnement. Comme il n'avait rien dit des tentatives d'autres crimes, elles restaient impunies.

Pour suppléer au silence du Code de 1791 et remplir sa lacune, une loi du 22 prairial an IV

étendit à toutes les tentatives de crime l'assimilation qui avait été faite seulement pour l'assassinat
et l'empoisonnement. Le principe général de cette
loi a passé dans la disposition de l'art. 2 de notre
Code pénal.

On aurait dû établir pour la tentative une peine
moindre que pour le délit consommé, et distinguer entre les degrés de la tentative de manière à
punir plus sévèrement la tentative achevée que la
tentative inachevée. Il résulte, au contraire, de
l'art. 2 du Code pénal, que l'on passe sans transi-
tion de l'impunité habituelle des actes préparatoires à la pénalité complète du crime pour les premiers actes d'exécution. Le remède à cet excès de
sévérité consiste dans la latitude entre le minimum et le maximum, et, dans tous les cas, dans
une déclaration de circonstances atténuantes.

De très-rares exceptions ont été établies à la
règle de l'assimilation de la tentative au crime
consommé. Elles concernent les crimes de contrainte ou de corruption de fonctionnaires (art. 179,
C. P.), de subornation de témoins (art. 361 et 365,
C. P.), et d'avortement (art. 317, C. P.). La tentative d'avortement, au moins quand elle a été faite
par la femme enceinte, n'est pas punissable.

Tentative de délits. — D'après la disposition de
l'art. 3, « les tentatives de délits ne sont con-

3.

sidérées comme délits que dans les cas déterminés par une disposition spéciale de la loi. »

La tentative de délit se trouve régie par une
règle de pénalité tout à fait inverse de celle qui
régit la tentative de crime. Celle-ci est, sauf exception, considérée comme le crime même ; au contraire, la tentative de délit n'est pas, sauf exception, considérée comme le délit même.

Les cas où, par exception, les tentatives de délits de police correctionnelle sont frappées comme
le délit même par le Code pénal, sont : la tentative d'évasion de détenus (art. 241 et 245); les
tentatives de vols (art. 388 et 401); les tentatives de destruction ou de détournement de la part
du saisi des objets saisis sur lui et confiés à sa garde
(art. 400); les tentatives d'escroqueries (art. 405);
les tentatives de cessation concertée de travail par
violences, voies de fait, menaces ou manœuvres
frauduleuses (art. 414 et 415, d'après la nouvelle
loi du 25 mai 1864).

Les motifs à l'aide desquels on a cherché à
expliquer pourquoi les tentatives de délits ne sont
pas, en principe, considérées comme les délits
mêmes, sont : 1° que les délits sont moins graves,
moins dangereux que les crimes, qu'ainsi il y a
moins d'intérêt social à la répression; 2° que les
caractères constitutifs de la tentative y sont, en

général, difficiles à constater, parce que les actes d'exécution, sauf dans les cas exceptionnellement prévus par la loi et notamment dans le vol, ne sont guère saisissables ou ne révèlent pas d'une manière assez certaine l'intention coupable de l'agent.

Tentative de contraventions de simple police. — A défaut de texte spécial, cette tentative n'est pas punissable. Le peu de gravité de ces sortes de contraventions, dont la plupart ne supposent pas l'immoralité de l'agent, commandait cette impunité.

— En résumant les explications qui précédent nous dirons : que la tentative consiste dans des actes d'exécution qui n'ont pas produit le mal constitutif du délit auquel ils tendaient; que la tentative de *crime* est, en général, punie comme le crime même; que celle de *délit de police correctionnelle* n'est punie comme le délit qu'exceptionnellement; que dans l'un et l'autre cas elle n'est punissable qu'autant qu'elle a été suspendue ou qu'elle a manqué son effet par des circonstances indépendantes de la volonté de l'auteur; qu'elle n'est pas punissable si l'agent s'est volontairement arrêté; qu'enfin elle n'est jamais punissable en matière de *contraventions de simple police*.

CHAPITRE IV

Application du principe de la non rétroactivité des lois en matière pénale.

(Art. 4, C. P.)

D'après l'art. 4 du Code pénal, « *nulle contravention, nul délit, nul crime ne peuvent être punis de peines qui n'étaient pas prononcées par la loi avant qu'ils fussent commis.* »

Cette règle est la consécration du principe formulé dans l'art. 2 du Code Napoléon : « La loi ne dispose que pour l'avenir ; elle n'a pas d'effet rétroactif. »

C'est surtout en matière pénale que le principe de la non rétroactivité des lois doit être appliqué. Si un acte pouvait être incriminé par une loi postérieure, il n'y aurait aucune sécurité pour les citoyens ; leur vie et leur honneur seraient perpétuellement en danger s'ils étaient abandonnés au caprice et à l'arbitraire du législateur futur. Il faut donc qu'une loi détermine à l'avance les faits punissables et édicte la pénalité qu'ils encourent. La loi doit avertir avant de frapper : *Moneat lex priusquam feriat*. Cette règle est d'autant plus impérieuse, en matière pénale, que la société qui est directement intéressée à la punition et qui est en même temps chargée de faire et d'appliquer la loi, serait juge et partie dans la répression pénale. C'est probablement en raison de l'importance de cette règle en droit pénal que le législateur a cru devoir la rappeler de nouveau dans le Code pénal, quoiqu'elle résultât du principe plus général posé dans le Code Napoléon. Nous allons voir, du reste, qu'elle n'est pas appliquée, en matière pénale, d'une matière aussi rigoureuse qu'en matière civile.

Dans notre ancien droit, où presque toutes les peines étaient arbitraires, et où la détermination des délits était aussi livrée à l'appréciation des juges, il n'était pas possible de songer à l'application du principe de la non rétroactivité.

Après la révolution de 1789, la garantie que nul acte ne pourrait être puni qu'en vertu d'une loi préexistante, fut insérée au nombre des droits de l'homme et du citoyen dans la constitution de 1791 et dans celle de l'an III. Elle fut reproduite dans le Code des délits et des peines du 3 brumaire an IV et consacrée ensuite spécialement dans l'art. 4 de notre Code pénal.

— L'application de cet article n'offre aucune difficulté, lorsque l'acte prévu et puni par la loi actuelle était : ou impuni par les lois antérieures, ou puni par elles d'une peine moins grave. C'est en vue de cette situation qu'est fait l'art. 4 ; il y a véritablement droit acquis à ce que la condition de l'agent ne soit pas empirée.

Mais si la loi nouvelle est plus douce, si elle a supprimé ou diminué la peine de la législation antérieure sous l'empire de laquelle le fait avait eu lieu, cette loi nouvelle ne devra-t-elle pas rétroagir ?

Deux sortes d'arguments militent, dans ce cas, en faveur de la rétroactivité :

1° S'il y avait droit acquis à la société à appliquer la peine antérieure, elle a pu y renoncer. En outre, le motif pour lequel elle a abandonné l'ancienne législation ne peut être qu'un motif de justice ou un motif d'utilité, d'intérêt social ; or, du moment qu'un de ces motifs qui servent de fondement au droit de punir n'existe plus, il n'y a plus de raison à l'application de la peine ;

2° Le décret du 23 juillet 1810, sur la mise en activité du Code criminel, vient corroborer cette démonstration rationnelle tirée du premier argument.

En effet, l'art. 6 de ce décret porte : « Les cours et « tribunaux appliqueront aux crimes et aux délits « les peines prononcées par les lois pénales exis- « tantes au moment où ils ont été commis ; néan- « moins, si la nature de la peine prononcée par le « Code pénal était moins forte que celle pronon- « cée par le Code actuel, les cours et tribunaux « appliqueront les peines du nouveau Code. » Cette disposition du décret doit être généralisée, d'autant plus que c'est dans le même esprit que le Code de justice militaire du 9 juin 1857 dispose en ces termes, art. 276 : « Lorsque les peines dé- « terminées par le présent Code sont moins ri- « goureuses que celles portées par les lois anté- « rieures, elles sont appliquées aux crimes et dé- « lits encore non jugés au moment de la promul- « gation. » Ce texte a été reproduit dans l'art. 376 du Code de justice militaire, pour l'armée de mer.

Ainsi, des raisons de logique et des raisons de textes exigent que, dans ce cas, la rétroactivité ait lieu en faveur de l'accusé ou du prévenu.

Si l'on suppose que l'acte a été commis sous une loi édictant une certaine peine, que cette loi ait été abrogée ou remplacée par une loi plus douce et qu'avant le jugement une peine plus sé- vère ait été rétablie, il faut décider encore que la loi intermédiaire plus douce sera appliquée. Cette règle a été consacrée, en fait, à l'occasion de l'annexion de la Savoie à la France. Avant l'annexion, un homme s'était rendu coupable du crime de bigamie, puni au moment où il avait été commis, par l'ancien Code sarde, de la réclusion ou des travaux forcés à temps. Le *nouveau* Code sarde de 1859 était ensuite devenu exécutoire, et ne punissait la bigamie que de la relégation; l'annexion avait eu lieu, et au moment du jugement, c'était le Code pénal français, édictant la peine des travaux forcés à temps, qui était exécutoire. La cour d'assises d'Annecy décida que la relégation, peine de la loi intermédiaire, était seule applicable, et qu'il y avait droit acquis pour l'accusé.

— La peine ne peut être prononcée qu'en vertu d'une *loi*. C'est au législateur à l'édicter à l'avance. Toutefois, il n'est pas possible que le législateur détermine toujours les actions ou les inactions qui devront être sanctionnées par une peine publique. Un très-grand nombre d'injonctions ou de prohibitions peuvent, à chaque instant, devenir nécessaires et dépendre des temps et des lieux. L'opportunité de les établir ne pourrait être appréciée par le législateur. En vue de ces situations diverses et variables, le législateur délègue alors à l'autorité gouvernementale et administrative le droit de faire des règlements qui ne seront que le développement et l'application de l'ordre général de la loi. Il s'approprie ainsi à l'avance l'œuvre des autorités auxquelles il confie la mission de faire des prescriptions de détail variables suivant les besoins des localités et les exigences des circonstances, et il sanctionne à l'avance ces règlements dans un texte spécial ou général.

C'est surtout pour les mesures de police générale et locale que le législateur procède de la sorte. Le chef de l'État, les ministres, les préfets, les maires, sont chargés, dans la limite de leurs attributions respectives et pour les matières de leur compétence, du soin de faire de tels règlements.

La sanction pénale est alors édictée par le législateur contre la violation des règlements légalement faits. La peine peut résulter d'un texte spécial de la loi attributive de compétence ; en tous cas, elle est formulée d'une manière générale dans l'art. 471, n° 15 du Code pénal, qui punit d'une amende de 1 à 5 fr. la violation de ces règlements.

LIVRE PREMIER

Des peines en matière criminelle et correctionnelle et de leurs effets.

(Art. 6 à 58, C. P.)

Le livre premier du Code pénal traite des peines en matière *criminelle* et *correctionnelle*. Pour compléter l'énumération, nous examinerons, en même temps, les peines en matière de *contraventions de police* qui font l'objet des art. 464 à 470, 474, 478, 482 et 483 du livre IV du Code pénal (1).

---

(1) Nous rappelons, à cette occasion, que le Code pénal est divisé en quatre livres, précédés des notions préliminaires que nous venons de développer. Le premier livre traite des peines

Nous traiterons, dans deux chapitres distincts :
1° des peines diverses applicables aux trois catégories d'infractions, lorsqu'il y a unité de délit ;
2° des peines applicables à chacune de ces infractions, lorsqu'il y a pluralité de délits et notamment
récidive.

en matière criminelle et correctionnelle ; le deuxième, des personnes punissables, excusables ou responsables pour crimes
ou pour délits ; le troisième, des crimes, des délits et de leur
punition ; le quatrième, des contraventions de police et des
peines.

CHAPITRE PREMIER

—————

Des peines et de leurs classifications.

(Art. 6 à 55, 464 à 470.)

I. — DÉFINITION. — LÉGITIMITÉ ET BUT DES PEINES.

La peine (*pœna, penitentia, pondus*) est un mal infligé par la société à l'auteur d'un délit et en punition de ce délit.

La peine, conséquence du délit, n'est légitime, comme la détermination du délit lui-même, qu'à la condition d'avoir à la fois pour fondement : la justice et la conservation ou l'utilité sociale.

Mais la peine n'est pas simplement un moyen de sanction du délit. Pour être efficace et remplir sa destination, elle doit avoir pour but l'amendement moral du coupable et surtout l'exemple.

Les bases de la légitimité du droit de punir

servent à déterminer la mesure de la peine, la quantité.

La destination que marque le but de la peine sert à en déterminer la qualité.

De la combinaison des deux principes de la légitimité et du but des peines, on arrive à reconnaître que les peines doivent être surtout : *afflictives* et *personnelles, exemplaires* et *correctionnelles ;* puis enfin *révocables,* à cause des erreurs judiciaires qui peuvent se produire et de l'amendement moral qui peut s'opérer. Il faut même dire qu'en cas d'erreurs judiciaires les peines devraient donner lieu à une *réparation.*

II. — CLASSIFICATIONS DES PEINES.

Les peines peuvent être envisagées à différents points de vue et donner lieu, par suite, à des classifications nombreuses et variables. Nous adopterons pour leur classification la méthode que nous avons suivie pour les délits. Nous nous occuperons d'abord de la division fondamentale de la loi. Nous indiquerons ensuite les autres classifications principales.

SECTION PREMIÈRE

Division fondamentale des peines.

La loi divise les peines en peines *criminelles,* peines *correctionnelles* et peines de *police*. Cette division, nous le savons, a servi de base à la division des infractions à la loi pénale en crimes, délits et contraventions.

Quelques peines sont exclusivement propres : soit aux matières criminelles, soit aux matières correctionnelles, soit aux matières de police ; d'autres sont applicables aux matières criminelles et correctionnelles ; d'autres enfin sont communes aux trois catégories d'infractions. Nous allons les passer en revue, dans cet ordre, et dans cinq paragraphes distincts.

§ Iᵉʳ. — PEINES EXCLUSIVEMENT APPLICABLES
AUX MATIÈRES CRIMINELLES.

(Art. 6 à 8, C. P.)

Le Code pénal distingue les peines criminelles

en peines *afflictives et infamantes* et en peines
infamantes seulement.

Ces qualifications d'*afflictives* et d'*infamantes*
nous viennent de l'ancienne jurisprudence qui les
appliquait aux peines du grand criminel, réser-
vant aux peines du petit criminel la dénomination
de correctionnelles. On pensait que pour les grands
crimes il n'y avait qu'à affliger, qu'à faire souffrir
le coupable (peines afflictives) et à le flétrir (peines
infamantes) ; qu'au contraire, pour les délits infé-
rieurs, on devait chercher à corriger, à amender
le coupable (peines correctionnelles).

C'est à tort que notre Code a reproduit ces qualifications. Les peines doivent toutes être à la fois
afflictives et correctionnelles. Quant à l'infamie
que le législateur prétend attacher aux peines
criminelles, elle ne peut être que l'œuvre de l'opinion. Or jamais l'opinion publique ne se résoudra
à considérer comme infamantes la déportation et
la détention, peines criminelles politiques, et
comme non infamantes les peines d'emprisonnement, peines de police correctionnelle, appliquées
à un voleur ou à un escroc.

Il est vrai qu'on peut voir une infamie légale
dans la déchéance de droits résultant de la dégradation civique, peine accessoire de toute peine
criminelle. Mais nous verrons que des déchéances

analogues peuvent se rencontrer à la suite de peines de police correctionnelle.

C'était aussi par souvenir de cette infamie attachée aux peines criminelles et aux déchéances qui en étaient la suite que la réhabilitation n'était permise qu'en matière criminelle. Mais nous verrons également qu'une loi de 1852 a étendu aux peines prononcées pour délits de police correctionnelle le bénéfice de la réhabilitation.

Ces expressions, appliquées aux peines criminelles, ne sont donc qu'un héritage vicieux de l'ancien droit.

D'après le Code, les peines criminelles afflictives et infamantes sont : la mort, les travaux forcés à perpétuité, la déportation, les travaux forcés à temps, la détention, la réclusion.

Les peines criminelles infamantes seulement sont : le bannissement et la dégradation civique.

Nous allons passer en revue ces diverses peines :

Mort (art. 12 à 14 et 27, C. P.). — La peine de mort est au sommet de l'échelle pénale ; c'est une peine extrême sur la légitimité de laquelle il est permis d'hésiter.

La question de son maintien ou de son abrogation a eu bien des vicissitudes. Robespierre, à l'Assemblée constituante ; Condorcet, à la Convention nationale, demandaient l'abrogation de la

4

peine de mort en matière ordinaire, mais en vou-
laient le maintien en matière politique. Le Code
du 3 brumaire an IV faisait cependant pressentir
la possibilité de son abolition.

En 1830 et en 1848, la question fut agitée de
nouveau. Le 28 février 1848, le gouvernement
provisoire de la République déclara que, dans sa
pensée, la peine de mort était abolie en matière
politique. Ce vœu fut ratifié par l'Assemblée nationale, qui, dans la Constitution du 4 novembre
1848, proclama que la peine de mort était abolie
en matière politique. Cette abolition a été maintenue par la loi du 8 juin 1850, qui a remplacé la
peine de mort en matière politique par la déportation dans une enceinte fortifiée. Toutefois, l'attentat contre la vie ou la personne de l'Empereur et
l'attentat contre la vie des membres de la famille
impériale sont encore punis, sans distinction, de
la peine mort (art. 86, C. P.).

La peine de mort, sauf le cas exceptionnel dont
nous venons de parler, n'existe donc plus qu'en
matière ordinaire, c'est-à-dire en matière non politique. Doit-elle disparaître complétement? Sans
doute cette peine a des qualités : elle est égale
pour tous, exemplaire, produisant une intimida-
tion salutaire sur le public, et, à la rigueur, elle
peut, dans certains cas, être trouvée juste ; mais

elle a des vices essentiels : elle est indivisible, elle frappe surtout sans rémission, et d'une manière irrévocable, malgré les erreurs judiciaires qui peuvent se commettre ; elle ne laisse pas de place au repentir et à l'amendement, et cependant c'est souvent chez les condamnés à une peine capitale que ces résultats peuvent être espérés. Est-il besoin, du reste, que la société ait recours à une peine aussi extrême qui consiste à supprimer le coupable, sous le prétexte de le punir ? Depuis quelques années, la tendance des esprits paraît de plus en plus favorable à l'abolition de cette peine.

Quoi qu'il en soit, la loi de révision de 1832 l'a déjà supprimée dans plusieurs cas. Le jury peut, du reste, à l'aide d'une déclaration de circonstances atténuantes, en empêcher complétement l'application.

Les principaux crimes pour lesquels la peine de mort est encore prononcée sont ceux : d'assassinat, de parricide, d'infanticide, d'empoisonnement, d'incendie de maisons habitées ou servant à l'habitation, de meurtre précédé, accompagné ou suivi d'un autre crime, ou ayant eu pour but de préparer, faciliter ou exécuter un délit (art. 302 à 304, 434, C. P.).

La peine de mort consiste à avoir la tête tranchée. En cas de parricide, le condamné est conduit sur le lieu d'exécution en chemise, nu-pieds et la tête couverte d'un voile noir ; il est, en outre, exposé sur l'échafaud pendant qu'un huissier fait au peuple lecture de l'arrêt de condamnation ; mais, depuis la loi de révision de 1832, la mutilation du poignet n'a plus lieu avant l'exécution à mort.

Depuis 1790, les corps des suppliciés ne sont plus exposés, jusqu'à dissolution, sur des fourches patibulaires ou affectés d'une manière obligatoire aux dissections chirurgicales ; ils sont délivrés à leurs familles, si elles les réclament, à la charge par elles de les faire inhumer sans aucun appareil (art. 12 à 14, C. P.).

Il est sursis à l'exécution de cette peine lorsqu'une femme est enceinte (art. 27, C. P.).

Travaux forcés à perpétuité ou à temps (art. 15 et 16, modifiés par la loi du 30 mai 1854). — Depuis la loi de 1854, la peine des travaux forcés a été transformée. Elle consiste actuellement dans la *transportation* avec travaux forcés.

La peine des travaux forcés a son origine dans la *peine des galères,* qui forçait les condamnés à ramer sur les galères de l'État. De là est venu le nom de *galériens,* de *forçats.* Ils étaient alors renfermés dans les ports ou arsenaux, dans des bâtiments servant autrefois de bains (*balneum,* italien : *bagno*) ; de là le nom de *bagnes.* Le Code de 1791 appela cette peine : *peine des fers;* le Code de 1810 y substitua le nom de peine des *travaux forcés.* D'après les art. 15 et 16 du Code pénal, les hommes devaient être employés aux travaux les plus pénibles, traînant à leurs pieds un boulet ou attachés deux à deux, avec une chaîne, lorsque la nature de leur travail le permettait. Les femmes n'étaient employées que dans l'intérieur d'une maison de force.

Depuis la loi de révision de 1832, les marques à fer brûlant sur l'épaule droite des condamnés n'ont plus lieu.

La loi du 30 mai 1854, *sur l'exécution de la peine des travaux forcés,* a remplacé cette peine par la *transportation,* avec travaux forcés de colonisation et d'utilité publique. Le boulet et la chaîne sont imposés facultativement, à titre de punition disciplinaire ou de mesure de sûreté. Les femmes *peuvent* subir également la transportation; mais elles sont séparées des hommes et employées à des travaux en rapport avec leur âge et avec leur sexe.

Le lieu de la transportation doit être sur le territoire d'une ou de plusieurs possessions françaises, autres que l'Algérie. Il est déterminé par décret impérial. La *Guyane* française a d'abord été choisie; puis, un décret du 2 septembre 1863 a autorisé la création, à la *Nouvelle-Calédonie,*

4.

d'établissements pour l'exécution de la peine ; celle-ci, du reste, ne peut être prononcée contre aucun individu âgé de soixante ans, au moment du jugement. Elle est alors remplacée par la réclusion (art. 5 de la loi de 1854, qui abroge l'art. 72, C. P.). Pour encourager l'amendement des condamnés, la loi de 1854 permet d'accorder à ceux qui se sont rendus dignes d'indulgence : 1° l'autorisation de travailler pour les habitants de la colonie ou pour les administrations locales ; 2° une concession de terrains provisoire ou même définitive après la libération. Le gouvernement peut également accorder aux condamnés aux travaux forcés à temps l'exercice, dans la colonie, de tout ou partie des droits civils et la faculté de jouir et de disposer de tout ou partie de leurs biens. Après l'expiration de leur peine, les condamnés *à moins de huit ans* de travaux forcés sont tenus de résider dans la colonie, pendant un temps égal à la durée de leur condamnation ; si la peine est de huit années, ils sont tenus d'y résider toute leur vie. Après la libération, des concessions provisoires ou définitives de terrains pourront être faites. Les évasions et tous crimes ou délits commis par les condamnés sont jugés par le conseil de guerre permanent de la colonie. Tel est l'ensemble des dispositions de la loi du 30 mai 1854.

Un décret du 24 mars 1866 a favorisé les ma-
riages que voudraient contracter les condamnés en
les dispensant, notamment, de l'application des
art. 151 à 153 du C. N., relatifs aux actes respec-
tueux.

Déportation (art. 17, C. P., et loi du 8 juin 1850).
— Depuis la loi de 1850, il faut distinguer deux
espèces de déportation : la déportation dans une
enceinte fortifiée et la déportation simple.

Déportation dans une enceinte fortifiée. — Cette
peine est celle qui a été substituée, en 1850, à la
peine de mort en matière politique. Le lieu de la
déportation est désigné par la loi ; il est fixé dans
la vallée de Waïthau, dépendant de l'île de Ta-
huta, l'une des îles Marquises. Les déportés y
jouissent de toute la liberté compatible avec la nécessité d'assurer la garde de leur personne. Le
gouvernement détermine les moyens de travail
qui seront donnés aux condamnés, s'ils le deman-
dent. Il pourvoit à l'entretien des déportés qui ne
pourraient y suffire par leurs propres ressources.

Déportation simple. — Cette déportation, réglée
par l'art. 17 du Code pénal pour les crimes politiques, consiste également à être transporté et à
demeurer à perpétuité dans un lieu déterminé par
la loi hors du territoire continental de l'Empire.
Tant qu'un lieu n'était pas déterminé, le condamné

subissait la peine de la détention dans une prison située sur le continent ou hors du continent. Aujourd'hui, d'après la loi de 1850, l'île de Noukaïva, l'une des Marquises, est déclarée lieu de déportation. Ce ne serait qu'à cause d'une interruption de communications que, conformément à une disposition spéciale de l'art. 17, l'exécution de la peine aurait lieu provisoirement en France. Du reste, en fait, elle se transforme en une détention en Corse, dans la citadelle de Corte.

Le déporté qui rentre sur le territoire de France est condamné aux travaux forcés à perpétuité. S'il est saisi, non pas en France, mais dans des pays occupés par les armées françaises, il est simplement reconduit au lieu de la déportation.

— Quoique la peine des travaux forcés entraîne la transportation, il ne faut pas la confondre avec la déportation ; ces peines se distinguent sous plusieurs rapports :

1° La *déportation* est toujours *perpétuelle*. La *transportation* avec travaux forcés est tantôt *perpétuelle,* tantôt *temporaire ;*

2° La *déportation* est une peine de l'*ordre politique* qui se subit dans les *îles Marquises*. — La *transportation* avec travaux forcés est une peine de *droit commun* qui se subit à la *Guyane française* ou à la *Nouvelle-Calédonie ;*

3° La *déportation* ne soumet le condamné à *aucun travail*. — La transportation l'astreint toujours à des *travaux de colonisation* ou d'utilité publique, travaux qui, pour les femmes, sont appropriés à leur âge et à leur sexe ;.

4° La *déportation,* du moins la déportation simple, ne peut être prononcée contre un individu *âgé de soixante-dix ans* au moment du jugement; elle est remplacée pour lui par la *détention* (art. 70 et 71). — La *transportation* avec travaux forcés ne peut être prononcée, depuis la loi de 1854, contre un individu *âgé de soixante ans*; elle est remplacée pour lui par la *réclusion.*

Détention (art. 20 du C. P.). — Cette peine, particulièrement destinée aux crimes politiques, a été introduite par la loi de révision de 1832. Elle consiste, d'après l'art. 20 du Code pénal, à être renfermé dans l'une des forteresses situées sur le territoire continental de la France et déterminées par le chef de l'État. La citadelle de *Doullens,* puis celle de *Belle-Isle-en-Mer,* avaient été successivement indiquées comme lieu de détention. Un décret du 17 mars 1858 a affecté la *citadelle de Corte* (en Corse) aux condamnés à ladite peine. Le détenu peut communiquer avec les personnes placées dans l'intérieur du lieu de la détention ou avec celles du dehors, conformément aux règlements de police établis par le chef de l'État.

Réclusion (art. 21, C. P.). — D'après l'art. 21 du Code pénal, la réclusion consiste à être renfermé dans une maison de force, et employé à des travaux dont le produit peut être appliqué, en partie, au profit du condamné.

Les maisons de force sont des maisons *centrales* qui ont plusieurs destinations. D'après une ordonnance de 1817, combinée avec une ordonnance de 1830, les maisons centrales sont constituées : 1° maisons de force pour les condamnés à la réclusion et pour les femmes ou filles condamnées aux travaux forcés et qui, depuis la loi de 1854, n'auraient pas été transportées, ou pour les condamnés aux travaux forcés qui, en raison de leur âge, auraient à subir leur peine dans lesdites maisons ; 2° maisons de correction pour les condamnés par voie de police correctionnelle à plus d'un an d'emprisonnement. Ces deux classes de condamnés doivent être tenues dans des locaux distincts et séparés. L'administration a créé, du reste, des établissements particuliers pour les hommes et pour les femmes. La maison centrale de Belle-Isle-en-Mer est affectée plus spécialement aux condamnés aux travaux forcés qui ont atteint l'âge de soixante ans.

Le travail et tous les exercices se font en commun, mais sous le régime du silence le plus absolu.

Il ne faut pas confondre la peine de la réclusion avec celle de la détention. Ces peines diffèrent entre elles sous plusieurs rapports : 1° la première est subie dans une maison centrale, l'autre dans une forteresse ; 2° la réclusion suppose l'obligagation du travail et l'impossibilité de communication ; la détention ne suppose ni l'une ni l'autre ; 3° la réclusion, ainsi que nous le verrons plus loin, est de cinq à dix ans et la détention de cinq à vingt ans ; 4° la réclusion est qualifiée de peine afflictive et infamante ; la détention, de peine infamante seulement ; 5° la réclusion est une peine de droit commun ; la détention, une peine de l'ordre politique. Enfin, l'exposition publique, lorsqu'elle était pratiquée avant 1848, était une conséquence de la réclusion, mais non de la détention.

Bannissement (art. 32 et 33, C. P.). — Le condamné à la peine du bannissement est transporté, par ordre du gouvernement, hors du territoire. Comme cette peine est facile à éluder, elle est sanctionnée, en cas de retour du banni sur le territoire, par une condamnation à la détention pour un temps égal au moins à celui qui restait à courir et qui ne peut excéder le double de ce temps.

L'expression bannissement vient du mot *ban*, qui signifie proclamation publique (sens que l'on retrouve encore dans cette locution vulgaire : ban de mariage, ban de vendange), parce qu'autrefois l'expulsion du territoire avec interdiction d'y rentrer était l'objet d'une pareille proclamation.

Le bannissement diffère de la déportation : 1° le bannissement est temporaire ; — la déportation est perpétuelle ; 2° le bannissement n'est que la privation du droit de résider sur le territoire. — La déportation consiste, au contraire, à être transporté dans un lieu déterminé, hors du territoire ; 3° le bannissement est qualifié de peine infamante seulement ; — la déportation est une peine afflictive et infamante ; 4° le bannissement n'entraîne pas l'interdiction légale. — Celle-ci est, au contraire, l'accessoire de la déportation, comme de toutes les autres peines criminelles.

Le bannissement s'applique aux crimes politiques, de même que la déportation. Il en partage aussi les vices : l'inégalité et l'inefficacité. La peine du bannissement a, en outre, le défaut de n'être pas exemplaire, et de rejeter dans les pays voisins des hommes qui peuvent quelquefois y être une cause de trouble. Elle avait été supprimée par le Code de 1791, et, si elle a été conservée par notre Code, elle ne se subit plus guère, en réalité, conformément aux art. 32 et 33. En effet, depuis une ordonnance du 2 avril 1817, elle est transformée en détention. Les individus condamnés au bannissement, dit l'ordonnance, seront transférés à la maison de Pierre-Châtel, à moins qu'ils n'obtiennent la faculté d'être reçus en pays étranger.

Dégradation civique (art. 34 et 35, C. P.). — Cette peine, comme celle du bannissement, est qualifiée de peine infamante seulement. Elle constitue un ensemble de déchéances, qui s'appliquent : 1° à tous les droits politiques ; 2° à plusieurs droits publics ; 3° à quelques droits de famille. L'énumération de ces déchéances se trouve dans l'art. 34 du Code pénal, dont voici les termes :

« La dégradation civique consiste : 1° dans la « destitution et l'exclusion des condamnés de « toutes fonctions, emplois ou services publics ; « 2° dans la privation du droit de vote, d'élection, « d'éligibilité et, en général, de tous les droits ci-« viques et politiques et du droit de porter aucune « décoration ; 3° dans l'incapacité d'être juré ex-« pert, d'être employé comme témoin dans des « actes et de déposer en justice autrement que « pour y donner de simples renseignements ; « 4° dans l'incapacité de faire partie d'aucun con-« seil de famille et d'être tuteur, curateur, subro-

« gé-tuteur ou conseil judiciaire, si ce n'est de
« ses propres enfants et sur l'avis conforme de la
« famille; 5° dans la privation du droit de port
« d'armes, du droit de faire partie de la garde na-
« tionale, de servir dans les armées françaises, de
« tenir école ou d'enseigner, et d'être employé
« dans aucun établissement d'instruction, à titre
« de professeur, maître ou surveillant. »

Cette peine de la dégradation civique est extrê-
mement inégale, et souvent elle manque son but.
Ainsi l'incapacité de servir dans l'armée ou la
garde nationale, d'être tuteur ou curateur, est
souvent une dispense d'une charge très-onéreuse;
elle est une faveur et non un châtiment. Ce n'est
pas non plus le coupable qui est atteint, lorsqu'on
le prive d'être juré-expert, d'être témoin dans les
actes ou de déposer en justice; c'est un tiers qui
peut souffrir de n'avoir pas l'assistance ou le témoignage du condamné. Il est vrai qu'il peut être
appelé à donner des renseignements; mais alors
il ne prête pas serment, et c'est encore un défaut
de garantie pour les tiers.

Autrefois, sous le Code pénal de 1791, la dégradation civique était soumise à certaines solennités : le coupable était conduit au milieu de la
place publique, et le greffier du tribunal qui l'a-
vait jugé lui adressait à haute voix ces mots :

« Votre pays vous a trouvé convaincu d'une ac-
« tion infâme; la loi et le tribunal vous dégradent
« de la qualité de citoyen français. » Il était ensuite exposé aux regards du peuple sur la place
publique pendant une heure.

Cette peine n'offre plus rien de ces solennités.
Nous verrons qu'elle est tantôt principale, tantôt
accessoire. Quand elle est principale, elle peut
être corroborée par un emprisonnement n'excé-
dant pas cinq ans, lequel devient obligatoire, si le
coupable est un étranger ou un Français ayant
perdu la qualité de citoyen (art. 35).

— A cette énumération du Code des peines criminelles, il faut ajouter, en certains cas : l'incapacité de disposer ou de recevoir par donation ou
par testament, l'interdiction légale et l'assignation
de domicile après la prescription de la peine.

§ II. — PEINES EXCLUSIVEMENT APPLICABLES AUX MATIÈRES CORRECTIONNELLES.

(Art. 9, 40 à 43, Code pénal.)

Les peines exclusivement applicables aux matières correctionnelles sont : l'emprisonnement à
temps dans un lieu de correction et l'interdiction
de certains droits civiques, civils ou de famille.

Emprisonnement de police correctionnelle (art. 40

et 41, C. P.). — Le condamné à cet emprisonnement est renfermé dans une maison de correction, pour y être employé à l'un des travaux qui s'y exécutent, à son choix. Le produit du travail est appliqué : partie aux dépenses communes de la maison, partie à procurer au détenu quelques adoucissements, s'il les mérite, partie à former pour lui un fonds de réserve à sa sortie.

Quand l'emprisonnement s'élève à *plus d'une année,* il se subit dans les maisons centrales, qui sont ainsi à la fois maisons de force et maisons de correction.

Quand l'emprisonnement ne dépasse pas *une année,* il se subit dans les prisons départementales, où le traitement physique et le traitement moral sont très-différents de ceux des maisons centrales.

Dans ces prisons départementales, malgré les prescriptions de l'art. 604 du Code d'instruction criminelle, se trouvent non-seulement les condamnés à un emprisonnement qui ne dépasse pas une année, mais aussi les prévenus et accusés; elles servent ainsi, pour la plupart, d'emprisonnement de *peine* et d'emprisonnement de *garde,* sauf la séparation par quartiers, qui est assez souvent établie.

Nous devons observer qu'en ce qui concerne les mineurs de seize ans, la loi du 5 août 1850 a organisé des colonies pénitentiaires et des colonies correctionnelles pour les jeunes garçons et des maisons pénitentiaires pour les jeunes filles.

Interdiction de certains droits civiques, civils ou de famille (art. 42 et 43, C. P.). — Cette peine, que prononcent les tribunaux correctionnels dans les cas indiqués par la loi, est tantôt impérative pour eux, tantôt facultative. Les droits dont l'exercice est ainsi interdit sont à peu près les mêmes que ceux dont la perte résulte de la dégradation civique. Seulement, l'interdiction peut s'appliquer à tout ou partie de ces droits, à la différence de ce qui a lieu pour la dégradation civique, ainsi que nous le verrons plus loin.

— A ces peines générales de police correctionnelle nous pouvons ajouter les peines particulières suivantes : la condamnation à faire réparation, les incapacités particulières résultant de certaines lois spéciales, l'incapacité d'exercer à l'avenir certaines professions, la destitution de certains offices, l'interdiction spéciale de certains séjours.

§ III.— PEINES EXCLUSIVEMENT SPÉCIALES AUX MATIÈRES DE SIMPLE POLICE.

(Art. 464 et 465, Code Pénal.)

Il n'y a qu'une seule peine spéciale aux

matières de simple police. Cette peine est :

L'emprisonnement de simple police. — Il se subit dans des prisons municipales, qui existent
dans chaque chef-lieu de canton et dans les communes populeuses. Par suite, on leur donne le
nom de prisons cantonales ou de geôles de canton,
quoique leur création ne soit prescrite par aucun
texte spécial de loi. Elles servent aussi au dépôt
des personnes arrêtées ou condamnées en trans-
fèrement.

Il diffère de l'emprisonnement de police correctionnelle par la durée, qui est de un jour à cinq
jours, tandis que l'emprisonnement de police correctionnelle est de six jours à cinq ans. En outre,
il n'impose aucune obligation de travail (art. 40
et 465).

§ IV. — PEINES COMMUNES AUX MATIÈRES CRIMINELLES ET CORRECTIONNELLES.

Ces peines sont : la surveillance de la haute police et la publicité par affiches ou autrement des
arrêts ou jugements de condamnation.

Surveillance de la haute police (art. 44 à 50,
C. P.). — Cette peine, qui s'applique aux libérés,
était connue déjà dans l'ancien droit. Elle a subi

depuis le Code pénal bien des variations.

Sous le Code de 1810, le renvoi sous la surveillance de la haute police obligeait le libéré à
donner une caution solvable de bonne conduite,
jusqu'à concurrence de la somme fixée par l'arrêt
ou le jugement de condamnation. A défaut de ce
cautionnement, le gouvernement avait le droit
d'ordonner : soit l'éloignement de l'individu d'un
certain lieu, soit sa résidence continue dans un
lieu déterminé. Ce système avait l'inconvénient
de créer l'inégalité en matière pénale et de ne pas
protéger suffisamment la société ; en effet, c'é-
taient, le plus souvent, les libérés les plus dangereux qui pouvaient trouver une caution. Un avis
du conseil d'État du 4 août 1812, pour remédier à
ces inconvénients, décida que l'admission au cautionnement n'était pas un droit pour le libéré et
qu'au gouvernement appartenait le droit de l'accorder ou de le refuser.

La loi de révision de 1832 substitua à ce système celui des interdictions de certains séjours
seulement, avec faculté pour le libéré de choisir
partout ailleurs sa résidence et d'en changer à volonté, sous la seule condition de faire des déclarations trois jours à l'avance à l'autorité municipale
et d'obtenir une feuille de route réglant son iti-
néraire (art. 44, C. P.). Ce système ne donnait

pas assez de sécurité, surtout depuis l'établissement des chemins de fer.

Un décret du 8 décembre 1851, concernant les
individus placés sous la surveillance de la haute
police et ceux reconnus coupables d'avoir fait
partie d'une société secrète, établit la *résidence
forcée* dans un lieu déterminé par le gouvernement, avec *interdiction générale* du séjour de Paris
et de la banlieue.

L'infraction à ces prescriptions sur les interdictions de séjour ou ces assignations de résidence,
appelée rupture du ban de surveillance, a été punie plus ou moins sévèrement.

Sous le Code de 1810 le libéré en rupture de
ban pouvait être arrêté et détenu par ordre du
gouvernement pour tout le temps qui restait à courir de l'état de surveillance.

La loi de révision de 1832 chargea les tribunaux
correctionnels de prononcer un emprisonnement
ne pouvant excéder cinq ans (art. 45).

Enfin, le décret du 8 décembre 1851 est venu
permettre, en outre, de transporter les individus
coupables de rupture de ban dans une colonie pé-
nitentiaire à Cayenne ou en Algérie pour cinq ans
au moins et dix ans au plus et les a soumis, dans
la colonie, aux lois et aux juridictions militaires.
Ces dispositions sont applicables également à ceux

qui ont été condamnés pour avoir fait partie d'une société secrète.

La surveillance de la haute police est plutôt une peine de prévention qu'une peine de répression.

Publicité par affiches ou autrement des arrêts ou jugements de condamnation. — Pour les condamnations à une peine criminelle, la règle générale et impérative est que les arrêts sont imprimés par extrait et affichés dans la ville centrale du département, dans celle où ils ont été rendus, dans la commune du lieu où le délit a été commis, dans celle où se fera l'exécution et dans celle du domicile du condamné (art. 36, C. P.).

Pour les condamnations en matière correctionnelle, la règle de la publicité n'existe que dans les cas formellement prévus par la loi. Tantôt cette publicité, soit par affiches, soit par insertion dans les journaux, soit par l'un ou l'autre de ces procédés, est obligatoire, tantôt elle est facultative. Les principaux cas où cette publicité peut ou doit avoir lieu sont relatifs aux délits de presse, aux délits de contrefaçon en matière de brevets d'invention ou de marques de fabrique et de commerce, aux délits résultant de fraudes commises dans la vente des marchandises.

5.

§ V. — PEINES COMMUNES AUX MATIÈRES CRIMINELLES, CORRECTIONNELLES ET DE SIMPLE POLICE.

Ces peines sont : la confiscation spéciale et l'amende.

Confiscation spéciale (art. 11 et 470, C. P.). — La confiscation *spéciale* dont il est ici question est ainsi appelée par opposition à la confiscation *générale,* qui, abolie en 1790, puis rétablie dans le Code pénal, a été supprimée définitivement par la Charte de 1814.

La confiscation spéciale est, en général, l'attribution de propriété à l'État de certains objets particuliers. D'après les art. 11 et 470 du Code pénal, la confiscation peut s'appliquer :

Soit aux choses qui constituent le *corps du délit* (1), quand la propriété en appartient au con-

_____

(1) Les expressions : *corps du délit* s'entendent en divers sens :

Tantôt elles signifient : l'ensemble des éléments physiques, des éléments matériels dont se compose le délit, comme dans l'art. 32 du Code d'instruction criminelle relatif à l'instruction préparatoire ;

Tantôt elles se prennent dans une acception plus étroite pour désigner certains objets matériels qui entrent principalement dans la composition du corps du délit. C'est là partie

damné (art. 11), par exemple : des boissons falsi-
fiées (art. 318), des matières d'or ou d'argent sur
le titre desquelles l'acheteur aura été trompé
(art. 423), des objets fabriqués en contrefaçon d'un
brevet d'invention (art. 49 de la loi du 5 juillet
1844). Ces mots : *quand la propriété en appartient
au condamné,* ne doivent pas être entendus d'une
manière rigoureuse. Sans doute, on ne confis-
quera pas l'objet volé au détriment de celui qui a
été victime d'un vol; mais si, dans les cas que
nous avons cités en exemples, la propriété doit
appartenir au condamné, il en est d'autres où les
objets faisant partie du corps du délit seront confisqués, quel qu'en soit le propriétaire; par exemple : s'il s'agit d'armes prohibées, de poisons interdits, de gravures obscènes, de gibier mis en
vente ou colporté en temps prohibé.

Soit aux choses *produites par le délit;* par exemple : l'édition contrefaite d'un ouvrage (art. 427,
C. P.), le tabac, les cartes, la poudre, la fausse

pour le tout. C'est en ce sens que sont conçus les art. 11 et 470
du Code pénal relatifs à la confiscation ;
    Tantôt enfin, par une extension un peu forcée, elles si-
gnifient le délit lui-même. Elles comprennent alors tous les
éléments tant immatériels que matériels qui constituent le
délit; comme si l'on disait le corps de l'homme pour désigner l'homme même; quoiqu'à l'inverse, pour indiquer le
chiffre de la population d'une ville ou d'un pays, on dise habituellement tant d'âmes pour désigner tant d'habitants.

monnaie, quand ils sont le produit d'une fabrication défendue.

Soit aux choses qui *ont servi ou qui étaient destinées* à commettre le délit ; par exemple : les outils et instruments pour faire de la fausse monnaie, de la poudre ; en matière de chasse : les filets, engins, armes (art. 16, L. du 3 mai 1844).

Il faut remarquer que la confiscation ne peut être prononcée que dans les cas où elle est ordonnée ou autorisée par un texte spécial de loi.

Le plus souvent, les objets confisqués deviennent la propriété de l'État. Quelquefois ils sont attribués : soit à un établissement public, comme le gibier saisi dans le temps où la chasse est prohibée ; soit à la partie lésée, à titre de réparation, notamment en matière de contrefaçon littéraire, artistique, industrielle ou commerciale ; enfin, dans certains cas, la loi en ordonne la destruction (faux poids ou fausses mesures, art. 423, 477, C. P.; engins de chasse prohibés, art. 16 loi du 3 mai 1844 ; marchandises altérées ou frelatées, impropres à un usage alimentaire ou médical, ou nuisibles, art. 5, loi du 27 mars 1851).

Amende (art. 11 et 464). — L'amende est une peine pécuniaire consistant dans l'obligation de payer une certaine somme. Elle est habituellement

prononcée au profit de l'État. Quelquefois le bénéfice en est attribué en totalité ou en partie à des
communes, à des établissements publics, aux
pauvres, ou aux agents qui ont constaté le délit,
ou même à des particuliers. C'est ainsi que les
articles 10 et 19 de la loi du 3 mai 1844 sur la
police de la chasse accordent aux gardes et aux
gendarmes qui ont rédigé les procès-verbaux une
gratification sur le produit des amendes, dont le
surplus est réservé aux communes.

L'amende est prononcée quelquefois pour les
crimes, très fréquemment pour les délits et les
contraventions de simple police. Quelques différences existent entre les amendes prononcées pour
les trois catégories d'infractions à la loi pénale :

1° Les amendes de simple police varient d'un
franc à 15 fr.; les amendes en matière criminelle
ou de police correctionnelle sont au minimum de
16 fr., et n'ont d'autre maximum que celui fixé
par la loi pour chaque crime ou délit;

2° Les amendes en matière criminelle sont at-
tribuées en totalité à l'État; — les amendes en matière correctionnelle forment un fonds commun
pour le département; — les amendes de simple
police sont appliquées au profit de la commune
où la contravention a eu lieu (466, C. P.).

Il ne faut pas confondre les amendes avec les

autres condamnations qui peuvent être prononcées par les tribunaux de répression : soit relativement aux restitutions ou réparations dues à la partie civile, soit relativement aux frais de justice dus à la partie civile et à l'État. (art. 52 à 55 ; 467 et 468, C. P.).

Une règle commune à tous ces cas, c'est-à-dire aux amendes, d'une part, aux restitutions, réparations, d'autre part, c'est la *solidarité* entre tous les individus condamnés pour la même infraction pénale. Toutefois, comme l'art. 55 ne parle que des crimes et délits, il ne faut pas étendre aux contraventions de simple police cette disposition exceptionnelle, du moins en ce qui concerne l'amende, qui est une peine.

Des règles particulières régissent ces diverses condamnations :

1° Quoique le Trésor ait un privilége pour les amendes et les frais, néanmoins, en cas d'insuffisance des biens du condamné, les restitutions et les indemnités dues à la partie lésée sont préférées à l'amende (54 et 468) ;

2° La contrainte par corps, qui vient d'être abolie par le Corps législatif, a été maintenue exceptionnellement, en matière pénale, au profit de l'État ; mais l'État ne peut exercer la contrainte par corps pour les *frais* (art. 3 de la nouvelle loi).

La durée de cette contrainte, pour les autres cas, ne peut excéder cinq jours en matière de simple police; et elle varie, suivant l'importance des condamnations, de deux jours à deux ans en matière criminelle ou de police correctionnelle.

— Cette division fondamentale des peines, d'après notre droit positif, présente, comme celle des délits, de nombreux intérêts pratiques :

1° Au point de vue de la *récidive*. En matière criminelle ou correctionnelle, c'est à la nature de la peine prononcée par une précédente condamnation qu'il faut s'attacher pour l'application de l'aggravation résultant de la récidive (art. 56 à 58, C. P.). En matière de contraventions de simple police, c'est à la nature de la contravention, à la classe à laquelle elle appartient qu'il faut s'attacher. La récidive suppose deux contraventions de la même classe (art. 474, 478 et 482, C. P.);

2° Au point de vue des *circonstances atténuantes*. C'est la peine encourue par l'infraction à la loi pénale qu'il s'agit de diminuer, par suite d'une déclaration de circonstances atténuantes (art. 463 et 483, C. P.);

3° Au point de vue des *déchéances ou incapacités* que peut entraîner la peine. Toute peine criminelle entraîne la dégradation civique, et même, excepté celle du bannissement, l'interdic-

tion légale.—Dans certains cas, les peines correctionnelles peuvent entraîner l'interdiction de
tout ou partie de l'exercice de certains droits
civiques, civils ou de famille. — Les peines de
police n'entraînent pas de déchéance ;

4° Au point de vue du droit de demander une
séparation de corps. La condamnation de l'un des
époux à une peine infamante est, pour l'autre
époux, une cause de séparation de corps (art. 232
et 306, C. N.). Il n'y a que les peines criminelles
qui soient infamantes ;

5° Au point de vue de la *réhabilitation*. Le condamné à une peine criminelle ou à une peine
correctionnelle, entraînant des déchéances ou incapacités, peut obtenir la réhabilitation, c'est-à-
dire sa réintégration dans ses droits. Sous le
Code d'instruction criminelle, ce droit à la réhabilitation n'existait que pour les peines criminelles; il
a été, en 1852, étendu aux peines correctionnelles ;

6° Au point de vue de la *surveillance de la haute
police*. Cette peine est l'accessoire de *plein droit*
de toute peine criminelle temporaire ; elle n'est
jamais l'accessoire de plein droit d'une peine correctionnelle, ni à plus forte raison d'une peine de
simple police; seulement, dans certains cas, les
juges doivent ou peuvent la prononcer pour certains délits en matière correctionnelle ;

7° Au point de vue de leur *destination*. Les peines criminelles sont les seules qui soient destinées : les unes aux crimes de droit commun, les autres aux crimes de l'ordre politique Elles forment ainsi deux échelles distinctes, sur lesquelles le juge doit se mouvoir pour l'application des circonstances atténuantes (art. 463). Nous savons, en outre, que la peine de mort est abolie, depuis 1848, en matière politique, et qu'elle a été remplacée, en 1850, par la déportation dans une enceinte fortifiée (1).

(1) Nous omettons à dessein le point de vue de la prescription. Les peines se prescrivent : *en matière criminelle,* par 20 ans; *en matière correctionnelle,* par 5 ans (art. 635 et 636, C. I. cr.); et *pour contravention de police,* par 2 ans (art. 639, C. I. cr.). Est-ce à la nature de la peine prononcée par les juges, ou à la nature du délit à l'occasion duquel la condamnation a eu lieu qu'il faut s'attacher pour déterminer le temps de la prescription? Logiquement, on devrait s'attacher à la nature, à la gravité de la peine, qui a dû être l'expression exacte de la gravité du délit. Néanmoins, les termes employés par la loi, et que nous avons reproduits, nous font décider, avec la jurisprudence, que c'est la qualification du fait, telle qu'elle résulte des constatations du jugement ou de l'arrêt, et non la peine qui a pu être modifiée par suite d'excuses ou de circonstances atténuantes, qui doit servir de mesure à la durée de la prescription. C'est pour cela qu'à l'occasion de la division des délits, nous avons présenté comme un des intérêts de distinguer les crimes, les délits et les contraventions, celui résultant de la prescription : non-seulement de l'action publique, mais aussi de la prescription de la peine.

SECTION II

Diverses autres classifications des peines.

La division principale des peines en peines criminelles, peines correctionnelles et peines de police, est faite au point de vue de la gravité des
infractions, c'est-à-dire des délits. On peut les
envisager à divers autres points de vue. Ainsi on
peut, en considération de la personne du condamné, distinguer : les peines qui le frappent
dans son corps, celles qui le frappent dans son
moral, celles qui le frappent dans ses droits. Cette
distinction a, comme nous le verrons, de l'intérêt
en ce qui concerne le mode d'extinction des
peines. On peut aussi, en considération de l'effet à
produire, distinguer : les peines afflictives, infamantes et correctionnelles ; cette dernière distinction a été faite par le Code pénal ; mais nous savons qu'elle est vicieuse, car le propre de toute
peine est d'être à la fois afflictive et correctionnelle ; elle doit produire le mal quant au physique, et le bienfait quant au moral.

Nous examinerons les classifications les plus
pratiques ; celles qui se tirent : soit *du lien* qui

unit les peines les unes aux autres (peines principales et peines accessoires); soit de *la durée*
(peines perpétuelles et peines temporaires); soit
de *la destination* (principalement : peines de droit
commun et peines de l'ordre politique).

1° AU POINT DE VUE DU LIEN QUI PEUT UNIR LES PEINES LES UNES AUX AUTRES.

A ce point de vue, les peines se divisent en
peines *principales* et peines *accessoires*. Les peines
principales sont celles qui ont une existence distincte et indépendante. Les peines *accessoires* sont
celles qui sont une suite et une dépendance
d'autres peines. Quelques-unes fonctionnent quelquefois en cette double qualité.

PEINES PRINCIPALES. — Ces peines sont : la
mort, toutes les peines qui *privent de la liberté,* le
bannissement et l'*amende.*

PEINES ACCESSOIRES. — Ces peines comprennent :

1° Celles qui frappent le condamné dans son
moral : le *spectacle particulier* en cas de parricide,
la *publicité par affiches,* ou autrement, des condamnations, obligatoire pour toute condamnation
à une peine criminelle, obligatoire ou facultative

pour certaines condamnations en matière de police correctionnelle (voir, en outre, les art. 226 et 227 pour les condamnations à faire réparation);

2° La plupart de celles qui frappent le condamné dans ses *droits* :

L'*incapacité de disposer* par *donation* ou par *testament* ou de recevoir au même titre, si ce n'est pour cause d'aliments, accessoire de plein droit des peines perpétuelles ;

L'*interdiction légale,* accessoire de plein droit : 1° des peines perpétuelles ; 2° des travaux forcés à temps, de la réclusion et de la détention.

L'*interdiction,* en tout ou en partie, de l'*exercice de certains droits civiques, civils ou de famille* (1),

---

(1) Cette interdiction de l'exercice des droits prévus en l'art. 42 diffère de la dégradation civique de l'art. 34 sous plusieurs rapports :

1° La dégradation civique est une peine criminelle. — L'interdiction des droits mentionnés en l'art. 42 est une peine de police correctionnelle ;

2° La dégradation civique est tantôt une peine accessoire, tantôt une peine principale. — L'interdiction de certains droits civiques, civils ou de famille est toujours une peine accessoire ;

3° La dégradation civique est une peine perpétuelle. — L'interdiction de certains droits civiques, civils ou de famille est le plus souvent temporaire ;

4° La dégradation civique est un ensemble de déchéance formant un tout indivisible. — L'interdiction de certains droits civiques, civils ou de famille peut, au contraire, s'appliquer à tout ou partie des droits énumérés dans l'art. 42;

5° L'énumération de l'art. 34, sur la dégradation civique,

les incapacités ou destitutions particulières, les interdictions de certains séjours ou assignations de domicile, toutes peines accessoires, résultant de certaines condamnations en matière correctionnelle et se produisant tantôt de plein droit, par l'effet même de la loi, tantôt à la suite d'une déclaration soit obligatoire, soit facultative de la part des juges.

La *confiscation spéciale* devant ou pouvant êtr prononcée par les juges dans les cas déterminés par la loi.

PEINES HABITUELLEMENT ACCESSOIRES ET QUELQUEFOIS PRINCIPALES. — Ces peines sont : la *dégradation civique* et la *surveillance de la haute police*.

La *dégradation civique* est l'accessoire de plein droit de toute condamnation à une peine criminelle. — Dans certains cas, elle est prononcée comme peine principale, notamment dans les articles 183, 263, C. P. Nous savons que, dans ces cas, elle peut ou doit être corroborée par un emprisonnement qui n'excède pas cinq ans (art. 35, C. P.).

La *surveillance de la haute police* est l'accessoire de plein droit de toute peine criminelle temporaire ; sauf ce cas, elle a besoin d'être prononcée,

contient des déchéances qui ne se retrouvent pas dans l'art. 42 (faire partie de la garde nationale, de l'armée, ou tenir école).

et tantôt elle est obligatoire pour le juge (crimes et délits intéressant la sûreté de l'État, art. 49 ; récidive, dans les cas des art. 57 et 58, mineur de 16 ans condamné pour crime à une peine correctionnelle, art. 67), tantôt elle est facultative (par exemple : vols, larcins, filouteries, art. 401, C. P.). —Dans de rares hypothèses, elle fonctionne comme peine principale, soit d'une manière obligatoire (vagabonds âgés de moins de 16 ans, art. 271, C., P.), soit d'une manière facultative (par exemple : contre les dénonciateurs absous du crime de fausse monnaie, art. 138, C. P).

2° AU POINT DE VUE DE LA DURÉE.

On distingue les peines *perpétuelles* et les peines *temporaires.*

PEINES PERPÉTUELLES. — Ces peines sont : la *mort,* les *travaux forcés à perpétuité,* la *déportation simple* ou *dans une enceinte fortifiée.*

Ces peines entraînaient autrefois la *mort civile.* Celle-ci, abolie par la loi du 31 mai 1854, a été remplacée par : 1° la dégradation civique ; 2° l'interdiction légale de l'exercice des droits civils ; 3° l'incapacité de disposer ou de recevoir par donation entre vifs ou par testament, si ce n'est pour cause d'aliments ; 4° la nullité du testament fait précédemment.

Les principales raisons qui ont fait abolir la mort civile, c'est que celle-ci dissolvait le mariage et ouvrait la succession *ab intestat* du condamné et le rendait aussi incapable de recevoir par succession.

L'intérêt de décider que la peine de mort produit les diverses déchéances qui ont remplacé la mort civile, c'est que ces déchéances sont encourues par le fait même de la condamnation devenue exécutoire et avant l'exécution de la peine, de telle sorte qu'elles se produisent dans l'intervalle et spécialement dans le cas où le condamné viendrait à s'évader.

L'incapacité de disposer ou de recevoir par donation entre vifs ou par testament n'étant jamais que la conséquence d'une peine perpétuelle, participe du caractère de la peine principale, et elle est perpétuelle comme celle-ci.

La *dégradation civique,* soit qu'elle soit une peine accessoire des peines perpétuelles ou des peines temporaires, soit qu'elle fonctionne comme peine principale, est toujours aussi perpétuelle.

Quant à l'*interdiction légale,* elle n'est peine perpétuelle qu'autant qu'elle est l'accessoire d'une peine principale également perpétuelle.

PEINES TEMPORAIRES. — Ces peines sont :

Les *travaux forcés à temps* : de 5 à 20 ans (art. 19, C. P.).—Cette peine, en cas de récidive, peut aller jusqu'au double (art. 56).

La *détention* : de 5 à 20 ans (art. 20) avec élévation, même jusqu'au double, en cas de récidive (art. 56) et sauf diminution dans le cas de rupture de ban (art. 33).

La *réclusion* : de 5 à 10 ans (art. 21).

Le *bannissement* : de 5 à 10 ans (art. 32).

L'*emprisonnement de police correctionnelle* : de 6 jours à 5 ans (art. 40) sauf élévation, même jusqu'au double, en cas de récidive (art. 57 et 58), lorsque la condamnation précédente est à *plus* d'une année d'emprisonnement (1), ou augmentation particulière, même jusqu'à 20 ans, pour crimes commis par un mineur de 16 ans (art. 67, C. P.).

L'*emprisonnement de simple police* : d'un jour à 5 jours (art. 465, C. P.).

---

(1) L'intérêt de savoir qu'une condamnation est à *plus d'une* année d'emprisonnement, c'est que : 1° cette condamnation donne lieu, en cas de récidive, à une aggravation légale de peine, comme il vient d'être dit; 2° la peine de l'emprisonnement se subit alors dans les maisons centrales et non dans les maisons de correction; 3° celui qui a été condamné à un emprisonnement de plus d'une année ne peut prétendre à la liberté provisoire *de droit,* dans le cas où il est prévenu d'un délit de police correctionnelle (art. 113, C. I. cr., d'après la nouvelle loi du 14 juillet 1865).

L'emprisonnement spécial d'éducation correction-nelle : qui peut être prononcé contre les mineurs de 16 ans acquittés jusqu'à ce qu'ils aient atteint l'âge de 20 ans (art. 66, C. P.).

PEINES TANTÔT PERPÉTUELLES, TANTÔT TEMPORAIRES. —Ces peines sont :

L'interdiction légale : Elle est perpétuelle, lorsqu'elle est l'accessoire des peines perpétuelles, ainsi que nous l'avons dit. Elle est temporaire, lorsqu'elle est l'accessoire des peines temporaires : des travaux forcés à temps, de la réclusion et de la détention ; elle dure alors pendant toute la durée de la peine principale (art. 29, C. P.). C'est une question controversée que celle de savoir si l'interdiction légale peut résulter d'une condamnation par contumace. Les termes de l'art. 29 du Code pénal : « *pendant la durée de la peine principale,* » semblent exclure la possibilité de l'interdiction légale pour les condamnations par contumace, car pour que la peine principale dure, il faut qu'elle puisse être encourue ; or la peine principale n'est pas encourue en vertu d'une condamnation par contumace, puisque celle-ci tombe de plein droit par cela seul que le condamné se présente volontairement ou est arrêté (1).

---

(1) L'interdit légal ressemble à l'interdit judiciaire pour

6

L'interdiction de certains droits civils, civiques ou de famille : Cette peine est le plus souvent temporaire (art. 9); mais, dans certains cas, elle est perpétuelle (art. 171 et 175, C. P.). Nous savons qu'il ne faut pas la confondre avec la dégradation civique. — Ont aussi le même caractère : les incapacités particulières résultant de certaines lois spéciales.

La surveillance de la haute police : Elle est perpétuelle : lorsqu'elle succède aux travaux forcés à temps, à la réclusion et à la détention (art. 47); temporaire : lorsqu'elle succède au bannissement. — Enfin : tantôt perpétuelle, tantôt temporaire, suivant qu'un texte spécial lui imprime l'un ou l'autre caractère. Il en est de même : des

---

cause d'état habituel d'imbécillité, de démence ou de fureur. Comme ce dernier, il est privé de *l'exercice des droits civils:* il a un tuteur, un subrogé-tuteur et un conseil de famille. Il en diffère, d'après l'opinion générale, en ce qu'il pourrait : 1° se marier, 2° tester, 3° reconnaître un enfant naturel; car, dit-on, lui enlever l'*exercice* de ces droits serait lui en *enlever* la jouissance. L'incapacité de tester ne figure, du reste, que pour les condamnations à une peine perpétuelle ; donc une peine temporaire ne peut avoir ce résultat. Enfin la loi favorise expressément le mariage des transportés condamnés aux travaux forcés (décret du 24 mars 1866). L'interdiction *légale* étant une mesure de répression et l'interdiction *judiciaire* une mesure de protection, on admet que les actes faits par l'interdit légal sont d'une nullité d'ordre public et absolue, tandis que ceux faits par l'interdit judiciaire ne sont frappés de nullité que dans son intérêt.

interdictions spéciales de certains séjours et des assignations spéciales de domicile.

— A partir de quel moment commencent les diverses peines que nous venons d'étudier au point de vue de la durée?

Cette question présente de l'intérêt, surtout pour les peines temporaires, puisque le calcul du délai après lequel elles cesseront aura son point de départ dans ce moment même. Elle en présente aussi pour les peines perpétuelles qui entraînent un changement d'état ou de capacité, afin de savoir à quel moment précis s'est produit ce changement.

D'après l'art. 23 du Code pénal, « la durée des peines temporaires comptera du jour où la condamnation sera devenue irrévocable. » La condamnation est devenue irrévocable lorsqu'elle est exécutoire. La disposition de l'art. 23 doit être généralisée et étendue aux peines perpétuelles privatives de droits. Toutefois, en ce qui concerne l'emprisonnement de police correctionnelle, l'article 24, modifié par la loi de 1832, a fait une exception au principe de l'art. 23 en faveur des condamnés qui étaient *en état de détention préalable* avant le jugement. Dans cette hypothèse, la durée de la peine, si le condamné ne s'est pas pourvu, compte du jour du jugement ou de l'arrêt, nonobstant l'appel ou le pourvoi du ministère public et quel qu'en soit le résultat ; il en est de même si, sur l'appel ou le pourvoi du condamné, la peine a été réduite. On ne veut pas que sa détention puisse se prolonger par le fait du ministère public, ni qu'il puisse souffrir d'avoir eu raison de former lui-même un appel ou un pourvoi.

Quant aux peines qui frappent le libéré plutôt que le condamné, elles ne commencent à courir que du jour de la libération (surveillance de la haute police, 47, C. P.; interdictions de certains séjours ou assignations de domicile : art. 229, C. P., et 635, C. I. cr.).

3° AU POINT DE VUE DE LA DESTINATION DES PEINES.

Sans parler des peines spécialement destinées aux délits militaires, ou à d'autres délits prévus par des lois particulières, nous trouvons dans le Code pénal, du moins pour les matières criminelles, une division importante des peines : celles réservées *aux crimes de droit commun* et celles réservées plus spécialement *aux crimes politiques*. Cette division a été élargie par la loi de révision de 1832, qui a introduit la peine de la détention, et par la loi de 1850, qui a remplacé la peine de mort, en matière politique, par la déportation dans une enceinte fortifiée.

Les peines criminelles forment ainsi deux échelles que nous mettons en regard l'une de l'autre :

Peines de droit commun.	Peines de l'ordre politique.
Mort.	Déportation dans une enceinte fortifiée.
Travaux forcés à perpétuité...	Déportation simple.
Travaux forcés à temps, de 5 à 20 ans...................	Détention, de 5 à 20 ans.
Réclusion, de 5 à 10 ans......	Bannissement, de 5 à 10 ans.
Dégradation civique..........	Dégradation civique.

Cette division a de l'importance pour l'application des règles d'aggravation en cas de récidive (art. 56, C. P.) et d'atténuation en cas de déclaration de circonstances atténuantes (art. 463, C. P.).

Lorsqu'il ne s'agit pas de peines criminelles, il n'y a aucune différence entre les peines de droit commun et les peines de l'ordre politique.

6.

CHAPITRE II

Pluralité de délits.

(Art. 56 à 58, C. P.)

La pluralité de délits peut se présenter dans deux situations très distinctes : celle du *cumul* et celle de la *récidive*.

I. — DU CUMUL DES DÉLITS.

Il y a cumul de délits lorsque l'agent s'est rendu coupable de plusieurs infractions à la loi pénale qui, toutes, sont à punir. La différence entre le cumul et la récidive est bien marquée. La récidive suppose un délit commis après une précédente condamnation. — Le cumul, au contraire, suppose un délit commis après un autre délit, pour lequel il n'y a pas encore eu condamnation. Dans la récidive, il y a un délit unique à punir ; dans le cumul, il y a pluralité de délits à punir. Du reste, ces deux situations pourraient se présenter en même temps, de telle sorte qu'il y aurait à la fois récidive et cumul.

Le cumul de délits s'appelle particulièrement réitération lorsque les délits à punir sont les mêmes. Il y a rechute, avant punition, d'un délit au même délit.

Quelle est la règle de pénalité à appliquer au cumul de délits ?

Rationnellement, il faudrait décider que la peine devrait être une moyenne des diverses peines encourues par chaque délit ; mais elle ne devrait être ni la réunion de ces peines, ni la plus forte d'entre elles. D'une part, en effet, l'addition des peines serait souvent impossible, et, en tout cas, elle serait excessive ; d'autre part, l'absorption par la plus forte de ces peines serait un brevet d'impunité pour celui qui aurait commis un délit grave et qui pourrait ensuite, sans risque, commettre des délits de la même gravité ou d'une gravité moindre.

En notre droit positif, c'est cependant tantôt le cumul des peines, tantôt l'absorption par la plus forte, qui est, en général, la règle de pénalité.

En effet, pour les *crimes* et les *délits*, l'art. 365 du Code d'instruction criminelle dispose, *in fine* : « *En cas de conviction de plusieurs crimes ou délits, la peine la plus forte sera seule prononcée* » (voir, en outre, l'art. 379 du même Code). Les remèdes à cette insuffisance de pénalité consistent, soit dans l'application du maximum de la peine, soit dans le refus d'une déclaration de circonstances atténuantes (1).

L'article 304 du Code pénal présente un cas particulier de cumul où la règle de pénalité n'est ni la peine la plus forte, ni le cumul des peines, mais une aggravation pire que le cumul, puisqu'elle établit la peine de mort : « *Le meurtre entraînera la peine de mort lorsqu'il aura précédé, accompagné ou suivi un autre crime.* »

En ce qui concerne les *contraventions de simple police,* un argument *à contrario* de l'art. 365 du Code d'instruction criminelle, joint à cette observation que ces contraventions sont punies de peines légères, doit faire décider, avec la jurisprudence, que le cumul des contraventions de simple

---

(1) Il y a des exceptions à cette règle de l'absorption, soit dans le Code pénal, art. 226 et 245, soit dans certaines lois spéciales, notamment dans la loi du 21 octobre 1814, art. 16, sur la presse : en cas de défaut de déclaration ou de dépôts, exigés de l'imprimeur ; et, depuis une des lois de 1835 sur la presse, on a distingué dans plusieurs lois postérieures si les nouveaux délits avaient été commis avant ou après la poursuite, en appliquant, dans le premier cas, la règle de l'absorption, et dans le second le cumul impératif ou facultatif des peines (loi du 3 mai 1844 sur la police de la chasse, art. 17 ; loi du 5 juillet 1844 sur les brevets d'invention, art. 42 ; loi du 15 juillet 1845 sur la police des chemins de fer, art. 27, etc.).

police autorise le cumul des peines (arrêt du 7 juin 1842, cour de cassation, chambres réunies).

II. — DE LA RÉCIDIVE.

La récidive (*rursus cadere*, tomber dans un nouvel écart) est le fait de celui qui, après une condamnation devenue inattaquable, exécutoire, a commis une nouvelle infraction à la loi pénale.

La récidive, à la différence du cumul, suppose qu'il n'y a qu'un délit à punir.

La récidive est une cause d'aggravation de la peine fondée sur l'impuissance d'une précédente condamnation, qui a été une épreuve insuffisante pour mettre en garde le coupable contre un nouveau délit.

Toutefois, d'après notre Code pénal, toute récidive n'est pas une cause légale d'aggravation.

Il faut distinguer, d'une part, les crimes et les délits de police correctionnelle et, d'autre part, les contraventions de simple police.

En ce qui concerne *les crimes* et *les délits,* il peut y avoir récidive de crime à crime, de crime à délit, de délit à crime et de délit à délit. Nous devons observer que c'est par brièveté de langage que nous employons ces expressions. En effet, pour l'application de la récidive, il faut s'attacher non

pas à la qualification du fait précédemment poursuivi ni à celle du fait à poursuivre, mais à la
peine réellement prononcée pour le premier fait
et réellement encourue pour le second. Or il est
possible que, par suite d'une excuse ou d'une déclaration de circonstances atténuantes, un fait
qualifié crime n'ait été puni ou ne soit à punir que
de peines de police correctionnelle. — L'ancien
texte du Code de 1810 avait dit dans l'art. 56 :
« quiconque ayant été condamné *pour crime.* »
La loi de révision de 1832, pour faire cesser l'interprétation trop littérale que faisait la jurisprudence, substitua dans l'article ces autres expressions : « quiconque ayant été condamné *à une peine
afflictive ou infamante.* » Un pareil changement ne
fut pas fait dans les articles suivants et des diffi-
cultés nombreuses s'élevaient encore, dans la pratique, sur la manière d'appliquer, dans les autres
cas, l'aggravation résultant de la récidive. La nouvelle loi du 13 mai 1863 a mis fin à la controverse
et a modifié les art. 57 et 58 dans le sens rationnel
d'après lequel c'est à la peine prononcée pour la
première condamnation et à la peine encourue
pour la seconde qu'il faut s'attacher pour appliquer la récidive. C'est, en effet, sur l'épreuve insuffisante de la première peine qu'est fondée l'aggravation méritée par la seconde.

En faisant l'application de ce principe, nous aurons à tenir compte, pour la récidive, des trois situations qui suivent : 1° crime puni de peines criminelles ; 2° crime puni de peines correctionnelles ; 3° délit puni de peines de police correctionnelle.

En combinant ces trois situations deux à deux et avec elles-mêmes, voici les diverses hypothèses qui peuvent se présenter :

Première hypothèse : Une condamnation à une *peine criminelle* ayant été prononcée, le nouveau fait à punir sera :

1° Un crime puni de peines criminelles. Dans ce ce cas, on applique l'aggravation indiquée par l'art. 56.

Le système d'aggravation des peines criminelles que prévoit cet article peut être ainsi résumé :

En principe, on monte d'un échelon sur chaque échelle de peines, soit de droit commun, soit de l'ordre politique. On ne monte pas d'une peine temporaire à une peine perpétuelle, ni d'une peine perpétuelle à la peine de mort, excepté dans le cas où la peine précédente et celle à appliquer sont toutes deux la peine des travaux forcés à perpétuité (loi de révision de 1832). Dans ce dernier cas, en effet, la peine des travaux forcés à perpétuité n'offrirait aucune sécurité. On passe enfin d'une échelle de peines sur une autre, en cas de déportation, pour laquelle on prononce la peine des travaux forcés à perpétuité ;

2° Un crime modifié ne donnant lieu qu'à l'application de peines correctionnelles. Dans ce cas, l'aggravation consistera : dans le maximum de la peine, laquelle pourra même être élevée jusqu'au double (art. 57), et, en outre, dans la surveillance de la police pendant 5 à 10 ans (art. 57 modifié, en ce dernier point, par la loi du 13 mai 1863);

3° Un délit de police correctionnelle. L'aggravation est la même que dans le cas précédent (art. 57, loi du 13 mai 1863);

Deuxième hypothèse : Une condamnation *pour crime à des peines correctionnelles* ayant été prononcée, le nouveau fait à punir sera :

1° Un crime puni de peines criminelles. Dans ce cas, notre Code pénal ne prononce pas d'aggravation légale : soit parce que la peine criminelle attachée au crime à punir est déjà assez forte par elle-même, soit parce que la première condamnation ayant eu pour objet une peine correctionnelle, celle-ci n'était pas destinée à mettre en garde et à servir d'épreuve contre une peine criminelle ;

2° Un crime modifié ne devant être puni que de peines correctionnelles. Dans ce cas, l'aggravation du maximum ou du double de la peine, avec la surveillance de la police pendant 5 à 10 ans, introduite par la loi de 1863, n'aura lieu qu'autant que la première condamnation était de *plus d'une année* d'emprisonnement ;

3° Un délit de police correctionnelle. Ce cas est soumis aux mêmes règles que le précédent.

Troisième hypothèse : Une condamnation pour délit de police correctionnelle ayant été prononcée, le nouveau fait à punir sera :

1° Un crime puni de peines criminelles. Dans ce cas, d'après les motifs indiqués plus haut, il n'y a pas lieu à une aggravation légale ;

2° Un crime modifié, puni de peines correctionnelles. Avant la loi de 1863, l'ancien article 58 ne parlant que de délit, on pouvait soutenir qu'il n'y avait pas lieu à aggravation. Depuis cette loi, le doute n'est plus possible; ce cas a été complètement assimilé à celui dont il nous reste à parler ;

3° Un délit de police correctionnelle. L'aggravation consistant dans le maximum et même le double de la peine, avec surveillance spéciale du gouvernement de 5 à 10 ans, n'a lieu qu'autant que la première condamnation a été *de plus d'une année* d'emprisonnement.

Dans tous ces cas d'aggravation de peine, par suite de la récidive, il n'y a pas à tenir compte de la nature différente des crimes ou des délits de po-

7

lice correctionnelle. La seule exception est relative aux délits militaires. En effet, d'après la loi
de révision de 1832, l'individu condamné par un
tribunal militaire ou maritime ne sera, en cas de
crime ou de délit postérieur, passible des peines
de la récidive qu'autant que la première condamnation aurait été prononcée pour des crimes ou
délits punissables d'après les lois pénales ordinaires (art. 56).

En ce qui concerne les *contraventions de simple
police*, les récidives donnant lieu à une aggravation légale de peine diffèrent sous deux points de
vue des récidives pour crimes ou délits :

1. Les récidives pour les contraventions de simple police prévues par le Code pénal sont des récidives *spéciales* non pas entre contraventions
identiques, mais entre contraventions du même
ordre de gravité, c'est-à-dire de la même classe(1).
L'effet de la récidive consiste dans un emprisonnement obligatoire de 3 jours à 5 jours (art. 474,
478 et 482, C. P.). — Au contraire, les récidives
pour crimes ou délits sont des récidives *générales* (2) de crimes et délits quelconques, sauf la

_____

(1) Nous savons qu'il y a trois classes de contraventions
suivant le taux de l'amende : 1° de 1 à 5 fr.; 2° de 6 à 10 fr.;
3° de 11 à 15 fr.

(2) Sauf le cas de l'art. 200, C. P.; et sauf les lois spéciales,

restriction dont nous avons parlé pour les crimes et délits militaires ;

2° Pour les récidives entre contraventions de simple police, il est tenu compte des circonstances de *temps* et de *lieu*. En effet, pour qu'il y ait récidive il faut que la précédente condamnation ait été rendue dans les douze mois qui ont précédé la nouvelle contravention et que la première contravention ait été commise dans le ressort du même tribunal (art. 483, C. P.). En matière de crimes et de délits, le Code pénal n'exige, pour l'application des peines de la récidive, aucune condition ni de temps (1), ni même de lieu, si ce n'est qu'on n'a pas égard aux jugements rendus en pays étranger.

— En résumé, la récidive donne lieu à une aggravation légale de peine :

1° Lorsqu'après avoir été condamné à une peine *criminelle,* un individu s'est rendu coupable d'un fait emportant peine criminelle (art. 56) ;

2° Lorsqu'après avoir été condamné, pour crime ou pour délit, à plus d'une année d'emprisonnement, un individu s'est rendu coupable, soit d'un

---

notamment l'art. 14 de la loi du 3 mai 1844 sur la police de la chasse, etc.

(1) Quelques lois spéciales exigent une condition de temps (art. 15 déjà cité de la loi du 3 mai 1844 sur la police de la chasse ; art. 43 de la loi du 5 juillet 1844 sur les brevets d'invention, etc.).

délit, soit d'un crime ne devant entraîner qu'une peine correctionnelle (art. 57 et 58).

Il n'ya pas lieu à l'aggravation légale de la récidive lorsqu'un individu a été condamné à une peine correctionnelle, et qu'ensuite il se rend coupable d'un fait entraînant une peine criminelle ;

3° Lorsqu'après avoir été condamné pour une contravention de simple police, l'individu a commis dans l'année, et dans le ressort du même tribunal, une contravention de la même classe, c'est-à-dire du même ordre de gravité (art. 474, 478, 482 et 483, C. P.).

1° Peines criminelles. — Peines correctionnelles. — Peines de police.

	PEINES CRIMINELLES.	PEINES CORRECTIONNELLES.	PEINES de POLICE.	PEINES COMMUNES aux matières criminelles et correctionnelles.	PEINES COMMUNES aux matières criminelles correctionnelles et de police.
Peines frappant le condamné dans son corps.	Mort. Déportation simple ou dans une enceinte fortifiée. Travaux forcés à perpétuité ou à temps. Détention. Réclusion.	Emprisonnement correctionnel. Et pour les mineurs de 16 ans : Détention dans les colonies pénitentiaires ou correctionnelles (garçons) et dans les maisons pénitentiaires (filles).	Emprisonnement de simple police.		
Peines frappant le condamné dans son moral.	Spectacle particulier qui accompagne l'exécution à mort en cas de parricide.	Condamnation à faire réparation. (Art. 226 et 227 C. P.)		Publicité par affiches ou autrement des arrêts ou jugements de condamnation.	
Peines frappant le condamné dans ses droits [relatifs soit à la capacité, soit aux biens].	Bannissement. Incapacité de disposer ou de recevoir par donation ou testament. Dégradation civique. Interdiction légale. Assignation de domicile après prescription de la peine.	Interdiction en tout ou en partie de certains droits civiques, civils ou de famille. Incapacités particulières résultant de lois spéciales. Destitution de certains offices. Bannissement local ou interdiction de certains séjours.		Surveillance de la haute police.	Confiscation spéciale. Amende. (Droits relatifs aux biens.)

2° Peines criminelles de l'ordre politique. — Peines criminelles de droit commun.

PEINES D'ORDRE POLITIQUE.	PEINES DE DROIT COMMUN.
Déportation dans une enceinte fortifiée. Déportation simple. Détention. Bannissement.	Mort. Travaux forcés à perpétuité. Travaux forcés à temps. Réclusion.

La dégradation civique forme un dernier échelon commun.

3° Peines principales. — Peines accessoires.

PEINES PRINCIPALES.	PEINES ACCESSOIRES.	PEINES habituellement accessoires et quelquefois principales.
Mort. Toutes les peines qui privent de la liberté. Bannissement. Amende.	Peines qui frappent le moral. Incapacité de disposer ou de recevoir par donation ou testament : accessoire des peines perpétuelles. Interdiction légale : accessoire de plein droit 1° des peines perpétuelles ; 2° des travaux forcés à temps, de la réclusion, de la détention. Interdiction en tout ou en partie de l'exercice de certains droits civiques, civils ou de famille. Incapacités ou déchéances spéciales.	Dégradation civique : Accessoire de plein droit de toute peine criminelle ; peine principale, en certains cas, notamment : 126, 127, 130, C. P. Surveillance de la haute police : Accessoire de plein droit de toute peine criminelle temporaire, et devant être aussi prononcée pour toute condamnation pour crimes ou délits intéressant la sûreté intérieure et extérieure de l'État. Peine principale, dans certains cas, notamment : art. 138, C. P.

4° Peines perpétuelles. — Peines temporaires.

PEINES PERPÉTUELLES.	PEINES TEMPORAIRES.	PEINES tantôt perpétuelles, tantôt temporaires.
Mort. Travaux forcés à perpétuité. Déportation soit simple, soit dans une enceinte fortifiée. Incapacité de disposer ou de recevoir par donation ou testament. Dégradation civique.	Travaux forcés à temps.. de 5 à 20 ans. Détention .... de 5 à 20 ans. Réclusion .... de 5 à 10 ans. Bannissement .... de 5 à 10 ans. Emprisonnement de police correctionnelle .... de 6 j. à 5 ans. Emprisonnement d'éducation correctionnelle contre les mineurs de 16 ans acquittés jusqu'à .... l'âge de 20 ans. Emprisonnement de simple police............. de 1 j. à 5 j.	Interdiction légale : Peine perpétuelle ou temporaire suivant qu'elle est l'accessoire d'une peine perpétuelle ou d'une peine temporaire. Interdiction de certains droits civiques, civils ou de famille. Incapacités résultant de lois spéciales. Surveillance de la haute police.

LIVRE II

_____

Des personnes punissables, excusables ou responsables pour crimes ou pour délits.

Les dispositions du livre II du Code pénal sont principalement relatives : 1° aux règles de pénalité applicables aux complices (art. 59 à 63); 2° aux cas de non culpabilité (art. 64); 3° aux causes d'exemption ou d'atténuation des peines (art. 65 à 69) (1).

La peine suppose le délit et le délit suppose lui-même un ou plusieurs agents coupables.

_____

(1) Les art. 70 à 72, qui traitent des modifications à l'exécution de certaines peines, ont été expliqués dans le livre précédent. Quant aux deux derniers art. 73 et 74, ils s'occupent de la responsabilité civile; ils sont, par conséquent, étrangers aux règles de pénalité.

Pour savoir dans quels cas et sous quelles modifications les peines dont nous avons parlé dans
le livre précédent devront être appliquées soit aux
auteurs, soit aux complices du délit, il faut donc
rechercher et déterminer préalablement quelles
sont les conditions de culpabilité, ensuite, quels
sont les éléments de criminalité du délit et les circonstances qui peuvent avoir pour effet : soit une
aggravation, soit une diminution ou même quelquefois une exemption de peine.

En conséquence, nous traiterons dans trois chapitres différents : 1° de la culpabilité ou non-culpabilité de l'agent ; 2° des éléments constitutifs du
délit et des diverses circonstances qui en modifient
la criminalité ; 3° de la complicité.

CHAPITRE PREMIER

De la culpabilité ou de la non-culpabilité de l'agent du délit.

SECTION PREMIÈRE

Des conditions de la culpabilité.

Dire qu'un homme est coupable c'est dire : 1° qu'un fait lui est imputable et qu'il doit en répondre ; 2° que ce fait constitue de sa part un manquement à un devoir.

La question de culpabilité réveille donc les idées d'imputabilité et de responsabilité.

Imputer un fait à quelqu'un, c'est le mettre sur son compte et pour qu'il ait à en répondre. La responsabilité suppose donc l'imputabilité, car elle n'est que l'obligation de rendre compte.

Pour qu'un homme puisse être tenu de rendre compte d'un acte, afin d'en subir les conséquences en bien ou en mal, il faut qu'il ait été libre de le faire ou de s'en abstenir, et qu'en outre il ait eu la connaissance du bien ou du mal moral, du juste ou de l'injuste de cet acte.

On peut ainsi avoir à répondre de bonnes et de mauvaises actions. La responsabilité aura pour effet, soit de procurer une récompense, soit d'infliger une peine.

Dans leur sens habituel, les mots imputabilité ou responsabilité ne s'appliquent qu'aux mauvaises actions. Or la peine qui doit être la conséquence de cette responsabilité suppose un manquement à un devoir, une faute (*culpa*), en un mot, la *culpabilité*.

Dire qu'un homme est *coupable,* c'est donc affirmer qu'il a été la cause libre et éclairée d'une violation de droit. Si cette violation de droit touche aux intérêts privés et ne donne lieu qu'à des dommages-intérêts, on dit qu'il y a culpabilité *civile;* si elle intéresse la société, et mérite une peine publique, on dit qu'il y a culpabilité *pénale.*

La culpabilité pénale, la seule dont nous ayons actuellement à nous occuper, exige donc chez l'agent : 1° la liberté, 2° la raison morale, c'est-à-dire les conditions indispensables à l'imputabilité;

3° l'existence d'une faute érigée en délit par la loi pénale.

La culpabilité renferme donc en soi l'imputabilité ; mais, quoique ces expressions, en droit pénal, soient souvent prises l'une pour l'autre, il importe néanmoins de les distinguer, sous plusieurs rapports : 1° l'imputabilité s'affirme ou se nie, — la culpabilité se mesure, car la faute a des degrés ; 2° les éléments constitutifs de l'imputabilité résident uniquement dans la personne de l'agent et dans ses facultés immatérielles — les éléments qui forment les degrés divers et les nuances de la culpabilité peuvent, au contraire, se rencontrer : soit dans la personne de l'agent et dans ses facultés physiques ou morales, soit dans la personne du patient, c'est-à-dire de la victime du délit, soit dans les faits et circonstances multiples du délit ; 3° en particulier, l'intention, c'est-à-dire la direction et la tendance de la volonté vers l'acte préjudiciable, n'est pas une condition indispensable de l'imputabilité ; mais elle présente une grande importance dans la mesure de la culpabilité. En effet, il y a des délits où l'intention est exigée pour constituer la culpabilité : tels sont la plupart des crimes et des délits de police correctionnelle, et d'autres où elle n'est pas nécessaire : c'est ce qui se rencontre le plus souvent pour les contraventions de simple police.

On distingue la culpabilité *absolue* et la culpabilité *relative*.

La culpabilité *absolue* ou *abstraite* est celle qui est déterminée par le législateur pour tel fait considéré d'une manière générale, par exemple : pour le meurtre, le vol, l'incendie. — La culpabilité *relative* ou *individuelle* est celle qui est appréciée par le juge à l'occasion de tel fait et de tel individu et qui est variable suivant les circonstances de la cause, car le même fait n'est pas toujours commis avec le même degré de culpabilité.

Les juges ont deux moyens de tenir compte de la culpabilité individuelle : 1° la faculté que la loi leur accorde de se mouvoir entre le minimum et le maximum de la peine, lorsqu'il existe une pareille latitude ; 2° la déclaration de circonstances atténuantes qui est toujours permise en cas de crimes et qui est applicable également à tous les délits de police correctionnelle et à toutes les contraventions de simple police prévus par le Code pénal.

SECTION II

Des cas de non culpabilité.

Puisque les conditions de la culpabilité chez

l'agent sont : la raison morale et la liberté, et, en outre, l'existence d'une faute, c'est-à-dire la violation d'un devoir prescrit, les cas de non culpabilité se déduisent nécessairement de l'absence d'une de ces conditions.

En effet, les cas de non culpabilité sont : 1° la *démence;* 2° la *contrainte*, qui excluent l'idée d'imputabilité ; 3° la *légitime défense*, et 4° l'*ordre de la loi avec commandement de l'autorité légitime*, qui, loin d'être la violation d'un devoir, ne sont, au contraire, que l'exercice d'un droit et constituent de véritables cas de justification.

Nous allons donner une idée générale de chacun de ces cas de non culpabilité.

§ Ier. — DÉMENCE.

Il n'y a ni *crime*, ni *délit*, dit l'art. 64 du Code pénal, lorsque le prévenu était en état de démence au moment de l'action.

Celui qui n'a pas l'intelligence de ce qu'il fait ne saurait être pénalement responsable ; c'est là un principe de raison qui ne peut être contesté. Aussi, malgré les termes restrictifs de l'article, il faut étendre la règle qu'il consacre aux contraventions de simple police.

Ce principe se retrouvait dans plusieurs textes

du Droit romain. Ulpien le pose très nettement, à l'occasion de la loi Aquilia : *Quæ enim in eo culpa sit, cum suæ mentis non sit?*

Dans notre ancienne jurisprudence, la folie n'était pas précisément une cause de non imputabilité, mais elle figurait plutôt comme une cause d'exemption ou de tempérament. Et même pour certains crimes : celui de lèse-majesté et pour ceux où le procès était fait au cadavre on n'admettait pas que la folie pût dispenser de peine.

Le Code pénal de 1791 et le Code des délits et des peines du 3 brumaire an IV n'avaient pas de disposition spéciale pour le cas de folie. On avait pensé qu'il était inutile de formuler une règle à cet égard. La question de démence se trouvait implicitement comprise dans la question générale de culpabilité qu'avaient à résoudre les juges ou les jurés.

Le Code pénal a textuellement consacré par une règle positive le principe de raison qu'il ne pouvait y avoir d'imputabilité pour un fou. En conséquence, l'individu, qui était en démence au moment de l'action, sera considéré comme non coupable. Il ne faut donc pas prendre trop à la lettre les expressions de l'art. 64 : « *il n'y a ni crime, ni délit;* » elles ne signifient pas, comme dans les art. 159, 191 et 364 du C. I. cr. que le fait n'est pas défendu par la loi pénale et qu'il doit y avoir absolution. Ces expressions s'adressent non au fait, mais à l'agent, et elles veulent dire que l'agent ne sera pas coupable, et que par conséquent il devra être acquitté et non absous. Nous verrons plus tard les différences entre l'acquittement et l'absolution.

Les divers cas de non imputabilité résultant du défaut de raison morale chez l'agent sont compris, dans l'art. 64, sous le nom de *démence*. C'est avec raison que notre législateur s'est servi d'une expression générale sous laquelle viennent se ranger toutes les diverses variétés des aliénations mentales : la folie, la manie, la monomanie, l'idiotisme, l'imbécillité complète, etc.

Ce mot de démence n'est donc pas pris dans le sens exclusif et étroit de l'art. 489 du Code Napoléon, où, en matière d'interdiction, il est opposé à l'*imbécillité* et à la *fureur*. Au point de vue de l'imputabilité pénale, la démence désigne toute aliénation mentale privant l'agent de sa raison. Peu importe que cette aliénation mentale soit innée ou survenue chez l'agent, qu'elle constitue un état permanent ou temporaire, continu ou instantané.

La seule chose à examiner est celle de savoir si l'agent était, au moment même du délit, en état de *démence,* c'est-à-dire dans un état où il n'avait pas l'intelligence de son acte.

Sous ce nom de démence, il est impossible de faire rentrer certaines situations, telles que celles de l'ivresse, du somnambulisme, du surdi-mutisme. Mais les juges ou les jurés peuvent, dans ces hypothèses, déclarer qu'il n'y a pas culpabilité. Seulement cette déclaration de non-culpabilité ne pourrait être, en droit, textuellement motivée sur l'art. 64; elle résulterait des pouvoirs généraux du juge d'apprécier, en fait, la criminalité du délit.

Du reste, dans tous les cas où les juges ou les jurés estimeront qu'il n'y a pas eu absence de raison morale, ils devront déclarer la culpabilité et la peine sera appliquée, d'une manière plus ou moins rigoureuse, en tenant compte du maximum et du minimum établi par la loi ou d'une déclaration de circonstances atténuantes.

Quoi qu'il en soit, c'est à la défense à établir que l'agent n'avait pas sa raison morale ou que ses facultés étaient troublées ou altérées, car la présomption, la règle générale, est que l'agent a l'intelligence et la liberté de ses actes.

§ II. — CONTRAINTE.

Il n'y a ni crime ni délit, dit encore l'art. 64, *in*

fine, « lorsque le prévenu a été contraint par une force à laquelle il n'a pu résister. »

Nous appliquerons à la contrainte les observations que nous avons faites à l'occasion de la démence.

Nul doute que la contrainte ne soit un cas de non imputabilité, aussi bien pour les contraventions de simple police que pour les crimes ou les délits de police correctionnelle, qu'elle ne doive entraîner pour l'agent un acquittement et non une absolution.

Mais que doit-on entendre par contrainte? La contrainte consiste dans tout fait physique ou moral ayant forcé l'agent, par une oppression de sa volonté, à commettre un délit. Si cette contrainte a été irrésistible, il n'y a pas d'imputabilité ; par suite, l'agent doit être acquitté, sinon, il y a lieu seulement à une diminution de culpabilité dont les juges tiendront compte dans l'application de la peine, par la latitude entre le maximum et le minimum ou par une déclaration de circonstances atténuantes.

La force extérieure qui constitue la contrainte peut être celle de l'homme ou celle de la nature.

La contrainte résultant du *fait de l'homme* sera *physique ou matérielle,* par exemple : si quelqu'un, prenant violemment la main d'un individu, lui

fait, contre sa volonté, signer un écrit injurieux ou
diffamatoire, ou mettre le feu à une maison, ou
s'il le séquestre et le retient violemment pour
l'empêcher de remplir un service public, tel que
celui de juré ou de garde national ; on peut dire
de celui qui subit une pareille violence : *Non agit,
sed agitur*. — Elle sera *morale* par exemple, si,
menacé par quelqu'un de la mort ou de tout autre
mal imminent, l'agent n'a pu s'y soustraire qu'en
commettant un crime ou un délit.

Les juges auront à apprécier si le mal dont l'a-
gent était menacé était assez considérable pour le
mettre dans la nécessité d'y échapper en produisant un autre mal éxigé de lui. Peu importe que
l'agent ait eu à redouter un péril imminent pour
lui-même ou pour une personne qui lui est chère,
que le mal présent ait menacé le corps ou la for-
tune. Dans tous ces cas, les juges auront à comparer la gravité du péril dont l'agent était menacé
avec la gravité du délit qu'il a commis pour l'éviter.

La contrainte résultant des forces de la *nature*
sera *matérielle,* par exemple : si un individu n'a
pu remplir son devoir de juré ou tout autre service public par suite d'une inondation, d'un naufrage, d'un incendie, d'une maladie grave ; — elle
sera *morale :* si l'un de ces événements ou d'autres analogues l'ont menacé d'un mal qu'il n'a pu

éviter qu'en commettant un délit. C'est à cette occasion qu'on peut se demander si la misère, le
besoin de la faim peuvent faire disparaître toute
culpabilité dans le vol, et, notamment, dans le vol
d'aliments? Cette question doit être résolue d'après
les principes indiqués plus haut. S'il y a eu oppression complète de la liberté, contrainte irrésistible qui ne permettait pas à l'agent de recourir à
un autre secours pour sa conservation, il n'y a pas
de culpabilité ; dans le cas contraire, il y aura une
culpabilité considérablement amoindrie.

Pour la contrainte, comme pour la démence,
c'est à la défense à faire la preuve de cet état exceptionnel.

§ III. — LÉGITIME DÉFENSE.

L'homme a le droit de se conserver, et, par
suite, il a le droit de se protéger lui-même et de se
défendre contre une injuste agression. Cicéron,
dans son plaidoyer pour Milon, formule en termes
éloquents le droit de légitime défense : « Il est une
« loi sacrée, juges, loi non écrite, mais qui naquit
« avec l'homme, loi antérieure aux légistes, à la
« tradition, à tous les livres, et que la nature nous
« offrit gravée dans son code immortel, où nous
« l'avons puisée, d'où nous l'avons extraite, loi

« moins étudiée que sentie, moins apprise que
« devinée. Cette loi nous crie : dans un péril im-
« minent préparé par l'astuce ou la violence, sous
« le poignard de la cupidité ou de la haine, tout
« moyen de salut est légitime. »

Pour que la défense soit légitime, il faut : 1° que
l'agression soit injuste : ainsi le malfaiteur que
l'on veut arrêter n'est pas en état de légitime
défense ; 2° qu'elle soit violente, c'est-à-dire procédant par l'emploi de la force ; 3° présente, c'est-
à-dire qu'elle fasse courir un péril imminent ;
4° que la personne attaquée n'ait d'autre moyen
de se protéger que de recourir à ses forces indivi-
duelles.

Le Code pénal, conformément au Code de 1791,
n'a textuellement consacré le droit de légitime
défense que quand l'exercice de ce droit a eu pour
résultat un homicide, des blessures et des coups :
« Il n'y a ni crime, ni délit, lorsque l'homicide,
« les blessures, les coups, étaient commandés par
« la nécessité actuelle de la légitime défense de
« soi-même ou d'autrui. » (Art. 328, C. P.)

Cet article doit être considéré comme ayant
statué sur les cas les plus habituels ; on devrait
également l'appliquer aux séquestrations momen-
tanées, aux destructions ou lésions de propriété
qui auraient été le résultat de la lutte.

Mais quels sont les dangers contre lesquels la défense sera légitime? Les expressions générales de l'article permettent de conclure qu'il ne s'agit pas seulement d'un danger pour la vie, mais aussi de tout péril imminent, de coups, blessures, mutilations, tortures, séquestrations, outrages à la pudeur ayant menacé la *personne* de l'*agent* ou la personne d'*autrui*.

Quant aux attaques menaçant uniquement les *biens*, elles ne sont pas comprises, il est vrai, dans les termes de l'article. Mais si ces attaques menaçaient d'un mal irréparable, par exemple : si un débiteur se dispose violemment à détruire le titre qui constate sa dette ou un créancier à supprimer un titre de libération, ou bien encore si un homme s'efforce, malgré la résistance qui lui est faite, d'incendier une maison, nul doute que les juges ne puissent formuler une déclaration de non culpabilité en faveur de celui qui aurait commis contre l'agresseur un des actes indiqués plus haut. Seulement, la déclaration de non culpabilité rentrerait, en fait, dans les pouvoirs généraux des juges ou des jurés, et elle ne pourrait, en droit, être motivée sur l'art. 328 du Code pénal.

Quoi qu'il en soit, le Code a prévu particulièrement, dans l'art. 329, deux cas qu'il considère formellement comme des cas de légitime défense :

« Sont compris dans les cas de nécessité actuelle
« de défense les deux cas suivants : 1° si l'homi-
« cide a été commis, si les blessures ont été faites
« ou si les coups ont été portés, en repoussant,
« pendant la *nuit,* l'escalade ou l'effraction des
« clôtures, murs ou entrée d'une maison ou d'un
« appartement habité ou de leurs dépendances ;—
« 2° si le fait a eu lieu en se défendant contre les
« auteurs de vols ou de pillages exécutés avec
« violence. »

Ces deux cas ne sont, à vrai dire, que des exemples et des applications particulières de la légitime
défense.

En ce qui concerne le premier cas prévu par
l'art. 329, nous ferons remarquer que si les faits
avaient eu lieu *le jour* et non *la nuit,* il n'y aurait
plus légitime défense, mais simplement excuse atténuante (art. 322 et 326). Dans le cas où les faits
ont eu lieu de nuit, la loi présume un péril imminent qu'elle ne présume pas dans l'autre cas. Toutefois, même dans l'hypothèse où les faits se seraient accomplis pendant le jour, s'il était démontré qu'il y avait péril imminent, et que les conditions générales de la légitime défense existaient
pour l'agent, nul doute qu'il devrait être déclaré
non coupable par application du principe de l'article 328.

§ IV. — ORDRE DE LA LOI ET COMMANDEMENT DE L'AUTORITÉ LÉGITIME.

A l'occasion de l'homicide, le droit canon disait : « *Cum homo juste occiditur lex eum occidit, non tu.* »

Le Code pénal de 1791 qualifiait également d'homicide légal l'homicide commandé par la loi et par une autorité légitime.

Notre Code pénal de 1810, continuant cette tradition, a posé à cet égard le principe dans l'article 327 : « Il n'y a ni crime ni délit, lorsque l'ho-« micide, les blessures et les coups étaient ordon-« nés par la loi et commandés par l'autorité légi-« time. »

Cette disposition, comme celle relative à la légitime défense, ne doit pas être restreinte aux cas d'homicide, blessures et coups ; elle doit s'étendre à tous les faits ordonnés par la loi et commandés par l'autorité légitime. C'est ainsi que le bourreau qui exécute une condamnation capitale, l'officier public qui arrête un prévenu ou un condamné, le geôlier qui l'écroue, l'huissier qui procède à une saisie mobilière ou immobilière ne se rendent pas coupables de crime ou de délit.

Pour que l'acte soit légitime, il faut la réunion

8

des deux conditions : 1° l'ordre ou, du moins, l'autorisation de la loi ; 2° le commandement de l'autorité.

Le seul ordre de la loi ne suffirait pas : ainsi, l'agent de la force publique et le geôlier ne pourraient légalement arrêter ou retenir un condamné, de leur propre chef, avant d'avoir reçu l'ordre de l'autorité chargée de faire exécuter la condamnation.

Le seul commandement du supérieur hiérarchique ne suffirait pas. Ainsi le soldat qui sur l'ordre de son chef frapperait, dans la rue, un citoyen paisible ou se rendrait complice d'un viol, devrait nécessairement être déclaré coupable. Il en serait de même d'un préposé qui, sur l'ordre d'un geôlier, favoriserait l'évasion d'un détenu. L'obéissance n'est due qu'au supérieur, soit militaire, soit civil, qui agit dans la sphère de ses fonctions, et qui ne commande pas un acte évidemment contraire à la loi, sauf les cas où la loi en aurait disposé autrement, comme dans les art. 114 et 190 du Code pénal.

— Il ne faut pas confondre ces quatre cas de démence, de contrainte, de légitime défense, d'ordre de la loi et de commandement de l'autorité légitime avec les excuses absolutoires :

1° Dans les quatre cas que nous venons de citer

il n'y a pas de culpabilité; — au contraire, toute
excuse, même celle qui dispense de la peine, et
qu'on appelle absolutoire, suppose la culpabilité ;

2° Les cas de non culpabilité ne sont pas l'objet,
devant la cour d'assises, de questions spéciales
adressées au jury. Ils rentrent dans la question
générale : *Un tel est-il coupable?* — Au contraire,
les excuses sont l'objet·de questions distinctes et
indépendantes de la question principale ;

3° Devant la cour d'assises, après une déclaration de non culpabilité par le jury, c'est une simple
ordonnance du président de la cour qui prononce
l'*acquittement;* — au contraire, après la reconnaissance du fait d'excuse par le jury, laquelle a été
précédée d'une déclaration de culpabilité, c'est un
arrêt de la cour qui prononce l'*absolution,* si l'excuse est absolutoire.

Les quatre cas de non culpabilité doivent aussi
se distinguer entre eux. Dans les deux premiers
cas : *démence* et *contrainte,* il n'y a pas d'imputabilité ; dans les deux autres cas : *légitime défense*
et *ordre de la loi avec commandement de l'autorité
légitime,* il y a imputabilité à l'effet de légitimer
l'acte, de le justifier; ce sont des causes de justification. Dans les deux premiers cas, l'acte est à regretter, il n'y a qu'un accident malheureux. —
Dans les deux autres cas, il n'y a qu'un acte

louable ; on n'y trouve que l'exercice d'un droit et celui qui a agi, dans ces circonstances, bien loin de devoir jamais des dommages-intérêts, pourrait avoir à en réclamer.

SECTION III

Agents pénalement responsables.

Autrefois le sentiment de la vengeance et le besoin d'un spectacle public faisaient faire le procès aux bêtes. Mais des conditions mêmes de l'imputabilité : la raison morale et la liberté, il résulte nécessairement que l'homme seul peut être pénalement responsable d'un délit.

Les êtres collectifs : l'État, les communes, les établissements publics ; les administrations ou associations formant des personnes civiles, peuvent bien être tenus de dommages-intérêts, mais ils ne sauraient encourir une peine publique. La responsabilité pénale ne pourrait atteindre que les individus ayant personnellement pris part au délit. Tel est l'esprit général de notre Code pénal (art. 123 et s., 127 et s., 292 et s.). Toutefois, une exception remarquable au principe de l'irresponsabilité pénale d'un être collectif a été faite dans la loi du 10 vendémiaire an IV, rendue à un moment où les sections de Paris menaçaient la Convention nationale. Les art. 2 et 3 de cette loi disposent que les communes dont les habitants auraient commis des délits par *attroupements et rassemblements* pourront être condamnées, non-seulement à des dommages-intérêts, mais aussi à une *amende* égale au montant des réparations civiles.

Même en ce qui concerne les individus, des exceptions à la responsabilité pénale existent : soit dans le droit public interne, soit dans le droit public international.

D'après le droit *public interne,* ne sont pas pénalement responsables : 1° le chef de l'État, dans les monarchies, quoique cette exception ne soit pas expressément formulée dans notre Constitution; 2° les députés : pour les opinions qu'ils peuvent émettre dans le sein du Corps législatif (art. 9 du décret du 2-21 février 1852).

D'après le droit *public* externe ou *international,* ne sont pas soumis à la responsabilité pénale devant nos juridictions : les ambassadeurs et les agents diplomatiques accrédités auprès de notre gouvernement par les puissances étrangères.

Un décret de la Convention du 13 ventôse an II, porte ce qui suit : « *Il est interdit à toute autorité*

« constituée d'attenter, en aucune manière, à la
« personne des envoyés des gouvernements étran-
« gers ; les réclamations qui pourraient s'élever
« contre eux seront portées au Comité de salut
« public qui seul est compétent pour y faire
« droit. »

Les personnes qui jouissent de cette immunité
sont : 1° les *ambassadeurs,* légats et nonces qui
sont accrédités par leur souverain auprès du souverain étranger et traitent directement avec celui-
ci ; 2° les *envoyés* proprement dits, ministres plé-
nipotentiaires ou internonces ; 3° les ministres
résidents.— Ces deux derniers ordres d'agents diplomatiques sont bien accrédités par leur souverain, mais ils ne sont reçus à traiter qu'avec le
ministre des affaires étrangères ou toute autre
personne désignée par le souverain du pays où
ils doivent exercer leurs fonctions ; 4° les chargés
d'affaires qui sont accrédités seulement auprès du
ministre des affaires étrangères.

La famille et les personnes ayant un titre public et composant la suite officielle de ces divers
agents diplomatiques jouissent du même privilége.

— Ces diverses exceptions à la responsabilité
pénale, tirées soit du droit public interne, soit du
droit public externe, sont contraires à la justice

absolue; elles se justifient par des considérations d'utilité sociale. Il importe, en effet, d'assurer à ces diverses personnes déclarées irresponsables, la sécurité et l'indépendance que réclame leur mission.

CHAPITRE II

Éléments constitutifs du délit et circonstances qui en modifient la criminalité.

SECTION PREMIÈRE

Des faits constitutifs et des circonstances aggravantes.

§ Iᵉʳ. — FAITS CONSTITUTIFS DU DÉLIT.

Les faits constitutifs sont ceux qui sont nécessaires à la formation et à la génération du délit, de telle sorte qu'ils sont essentiels à son existence même.

Ainsi, dans le meurtre, sont constitutifs les deux faits : 1° d'avoir donné la mort à un homme, 2° d'avoir donné la mort avec intention ; dans le vol, les deux faits : 1° d'avoir soustrait la chose d'autrui, 2° de l'avoir fait frauduleusement ; dans l'adultère du mari, les deux faits : 1° d'avoir entretenu une concubine, 2° de l'avoir entretenue dans la maison conjugale. Souvent ce dernier fait est appelé circonstance constitutive, parce qu'il ne vient qu'en second ordre, le premier formant le fait constitutif principal. Dans l'empoisonnement, sont considérés comme constitutifs : 1° l'attentat, le commencement d'exécution contre la vie d'une personne ; 2° l'intention homicide ; 3° le fait que la tentative a eu lieu par l'effet de substances propres à donner la mort.

Les circonstances aggravantes sont des faits accessoires qui viennent se joindre au délit pour en augmenter la criminalité.

Les unes influent sur la culpabilité absolue ; alors elles doivent être formellement prévues par le législateur. D'autres n'ont d'influence que sur la culpabilité relative, individuelle ; elles sont indéterminées et abandonnées, dans chaque cause, à l'appréciation des juges qui peuvent en tenir compte dans la limite du minimum et du maximum qu'établirait le texte à appliquer.

Les circonstances aggravantes prévues par la loi sont ou *générales* ou *spéciales*.

Les circonstances aggravantes générales sont :

1° *La récidive,* dont nous avons étudié les principes et les effets (art. 56 et s., C. P.);

2° La qualité de fonctionnaire ou officier public, lorsque le fonctionnaire ou officier public a participé aux crimes ou aux délits de police correctionnelle qu'il était chargé de surveiller ou de réprimer (art. 198, C. P.).

Les circonstances aggravantes spéciales, c'est-à-dire relatives à tel ou tel délit sont nombreuses et variées. Nous citerons particulièrement, dans le meurtre : les circonstances de préméditation ou de guet-apens (art. 296, C. P.), qui font donner au meurtre la qualification d'assassinat puni de mort; dans le vol, les circonstances : de nuit, de pluralité d'agents, de port d'armes, d'effraction, d'escalade, de fausses clés, de maison habitée, de violence, de chemins publics, ou la circonstance que le délinquant était un domestique, un homme de service à gage ou un hôtelier (art. 381 à 386, C. P.). Ce sont ces diverses circonstances, dans le vol, qui lui font donner la qualification de vol *qualifié ;* elles ont pour effet de transformer le vol simple, qui est un délit de police correctionnelle, en un crime soumis à la juridiction de la cour d'assises et puni de peines criminelles (1).

(1) Au nombre des circonstances aggravantes, nous pouvons

— Il est quelquefois difficile de distinguer un fait constitutif d'une circonstance aggravante. Les incertitudes, à cet égard, se présentent surtout pour l'assassinat, l'infanticide, le parricide, l'empoisonnement et l'incendie.

On est généralement d'accord pour reconnaître que dans l'assassinat la préméditation ou le guet-apens ne sont que des circonstances aggravantes du meurtre ; que dans l'infanticide, au contraire, la qualité d'enfant nouveau-né est un fait constitutif. Quant au parricide, la qualité de père ou mère légitime, naturel ou adoptif ou d'ascendant légitime est-elle un élément constitutif ou une circonstance aggravante ? M. Ortolan soutient, contrairement à la jurisprudence, qu'elle n'est qu'une circonstance aggravante ; que le parricide n'est qu'une variété du meurtre.

En ce qui concerne l'empoisonnement et l'incendie, nous nous bornons à renvoyer aux art. 304 et 304 qui les concernent. Le dernier de ces articles, relatif à l'incendie, est d'autant plus à re-

---

encore indiquer : l'âge au-dessous de 15 ans dans le viol et l'attentat à la pudeur (art. 332, C. P.) ; le lieu, en cas d'outrage par paroles ou menaces contre un magistrat à l'audience (art. 222, 223, C. P.); la qualité de père, mère, tuteur ayant habituellement excité à la débauche le mineur (art. 334, C. P.); les suites du délit : coups ou blessures ayant occasionné une incapacité de travail de plus de 20 jours (art. 309 et s., C. P.).

marquer qu'il nous montre la même circonstance fonctionnant tantôt comme constitutive, tantôt comme aggravante.

— L'intérêt de distinguer les faits constitutifs des circonstances aggravantes se présente :

1° Au point de vue des peines à appliquer. Ainsi le fait d'adultère du mari ne sera un délit et ne sera punissable qu'autant qu'il aura entretenu une concubine dans la maison conjugale. Ce fait de l'entretien d'une concubine est constitutif; il fait naître le délit et non aggraver un délit préexistant; dans l'attentat à la pudeur sans violence, l'âge de moins de 13 ans est un fait constitutif (art. 331, C. P.). Au contraire, dans l'attentat à la pudeur avec violence, l'âge de moins de 15 ans n'est qu'une circonstance aggravante; le délit n'en existerait pas moins quoique la victime aurait même plus de 15 ans (art. 332, C. P.);

2° Au point de vue des questions à poser au jury. Nous verrons, en effet, que les faits constitutifs concourant à la formation même du délit doivent tous être renfermés dans la question principale. Les circonstances aggravantes, au contraire, formant autant de modalités différentes et distinctes du délit sont, chacune, l'objet d'une question spéciale soumise au jury;

3° Au point de vue de la complicité. Pour que

le complice soit punissable des mêmes peines que l'auteur, il est nécessaire qu'il ait eu connaissance des faits constitutifs du délit à commettre ; mais il n'est pas nécessaire, en règle générale, qu'il ait eu connaissance des circonstances aggravantes affectant la criminalité même de ces faits.

SECTION II

Faits ou circonstances produisant exemption ou atténuation de peines.

Les circonstances qui peuvent produire une exemption ou une atténuation de la peine sont, comme les circonstances aggravantes, de nature à influer tantôt sur la culpabilité absolue, tantôt sur la culpabilité individuelle. Dans le premier cas, elles sont prévues par le législateur, et se nomment *excuses ;* dans le second cas, elles sont abandonnées, dans chaque cause, à l'appréciation des juges et reçoivent particulièrement le nom de *circonstances atténuantes.*

§ I. — DES EXCUSES.

Les excuses sont des faits précis, déterminés

9

par le législateur, qui, tout en laissant subsister la culpabilité, entraînent une exemption ou une atténuation de la peine.

De l'effet même produit par les excuses il suit qu'on distingue les excuses *absolutoires* et les excuses *atténuantes*.

Les excuses absolutoires sont celles qui ont pour conséquence une exemption de peine. — Les excuses atténuantes sont celles qui ont seulement pour effet de diminuer la peine.

L'art. 65 du Code pénal, par les termes opposés dont il se sert : *excuser* et *mitiger*, semble réserver le nom d'excuses proprement dites aux excuses absolutoires ; mais les art. 321 et suivants du Code pénal emploient le mot excuses pour désigner uniquement des faits destinés à mitiger la peine. Cette distinction est donc parfaitement établie par les textes mêmes du Code pénal.

I. *Excuses absolutoires.*

Les excuses absolutoires sont moins nombreuses que les excuses atténuantes. Les principaux cas où la loi exempte de peine sont : le vol entre époux ou entre parents ou alliés en ligne directe (art. 380, C. P.) ; le recel du coupable d'un crime de la part de certains parents ou alliés du criminel recélé (art. 248, C.P.); le complot ou autres crimes attentatoires à la sûreté intérieure ou extérieure de l'État, le crime de fausse monnaie ou de contrefaçon du sceau de l'État, de billets de banque, si les coupables ont dénoncé ces crimes et leurs co-auteurs ou complices avant toute poursuite, ou si, même après la poursuite, ils ont procuré l'arrestation des autres coupables, sauf l'application, qui peut leur être faite de la surveillance de la haute police à temps ou à vie (art. 108, 138 et 144, C. P.).

Les excuses, même absolutoires, supposant la culpabilité, il ne faut pas les confondre avec les causes de non imputabilité (démence, contrainte) ou avec les causes de justification (légitime défense, ordre de la loi et de l'autorité légitime), qui sont des cas de non culpabilité. Aussi l'art. 65 de notre Code pénal ne se sert-il pas, en cas d'excuses, des expressions « *il n'y a ni crime, ni délit,* » expressions qu'il réserve avec soin aux cas de non culpabilité (art. 64, 327 et 328).

Nous avons déjà dit quel était l'intérêt de distinguer les causes de non culpabilité des excuses absolutoires ; nous le rappelons sommairement ici, à cause de son importance. Les faits de non culpabilité ne sont même pas formulés dans les questions posées au jury ; ils sont contenus dans la question générale : un tel est-il coupable? au contraire, les faits d'excuses absolutoires font l'objet de questions spéciales et distinctes devant le jury. En o'utre, l'individu qui se trouve dans le premier cas est déclaré non coupable et acquitté ; et, devant la cour d'assises, l'acquittement est prononcé par une ordonnance du président de la cour. — Dans le cas d'excuses absolutoires reconnues, il est déclaré coupable, mais absous ; et, devant la cour d'assises, l'absolution est prononcée par un *arrêt* de la cour.

II. *Excuses atténuantes.*

Les excuses atténuantes, à la différence des excuses absolutoires, sont, les unes générales, les autres spéciales à tel ou tel délit.

Les excuses atténuantes *générales* sont : la minorité de seize ans (art. 67 et 69, C. P.) et la provocation par coups, violences graves ou autres offenses énumérées dans la loi (art. 321, 322 et 324, C. P.).

Minorité de 16 ans.

Notre Code pénal de 1810, conformément au Code de 1791 de l'Assemblée constituante, a fixé la majorité pénale à l'âge de seize ans accomplis au moment du délit.

La majorité pénale se trouve ainsi fixée avant

la majorité civile, qui n'a lieu qu'à vingt et un ans. On explique cette différence par cette considération que la notion du bien ou du mal moral arrive avant la notion de l'utile. L'homme a plutôt conscience d'un délit que de ses intérêts. Nous trouvons dans le Code Napoléon une application de ces principes dans les art. 1305 et 1310. Le mineur qui n'a pas vingt et un ans peut, en principe, faire rescinder pour lésion, les actes qu'il a faits ; mais il ne peut se faire restituer contre les obligations résultant de ses délits ou quasi-délits (1).

A seize ans, le délinquant est donc soumis à l'application de la pénalité ordinaire, pourvu, bien entendu, qu'il soit dans les conditions d'imputabilité exigées par la loi.

Lorsque le délinquant a moins de seize ans, la présomption de raison morale chez l'agent ne s'applique plus. La période au-dessous de seize ans devient alors une période de doute ; et, dans cette situation, il faut distinguer deux hypothèses : le mineur peut être reconnu avoir agi sans discer-

(1) En dehors du Code pénal, l'âge de 16 ans est rarement pris en considération. On peut remarquer cependant que c'est à 16 ans que la première inscription de droit peut être prise (L. du 22 ventôse an XII, art. 1), et qu'à cet âge le mineur peut tester et disposer de la moitié de ce dont la loi permet au majeur de disposer (art. 904, C. N.).

9.

nement, ou, au contraire, avoir agi avec discernement :

1° Le mineur au-dessous de seize ans est déclaré avoir agi *sans discernement*. Dans ce cas, il est acquitté; mais il est, selon les circonstances, remis à ses parents ou conduit dans une maison de correction pour y être élevé et détenu pendant tel nombre d'années que le jugement déterminera, et qui, toutefois, ne pourra excéder l'époque où il aura accompli sa vingtième année (art. 66, C. P.).

Non-seulement le mineur acquitté peut être remis à ses parents, mais à toute personne qui présenterait des garanties de moralité et qui s'offrirait à diriger son instruction et son éducation. Souvent même il arrive que les tribunaux renvoient le jugement de l'affaire à une autre audience, dans l'espoir que, dans l'intervalle, des personnes charitables viendront réclamer le soin de s'occuper de l'avenir de l'enfant.

A défaut de cette remise, et en tenant compte de la gravité des faits, les tribunaux ordonneront que le mineur sera renfermé dans une maison de correction. La loi du 5 août 1850 a même ordonné, en principe, l'établissement de colonies pénitentiaires où les jeunes détenus acquittés doivent recevoir une éducation morale, religieuse et professionnelle.

Il importe de remarquer que ces mesures n'ont pas le caractère d'une peine ; par suite, elles doivent être appliquées, même au cas où le fait ne serait puni que de peines correctionnelles ; en outre, elles ne pourraient être prises plus tard en considération pour l'application des peines de la récidive. — Dans cette première hypothèse, il ne peut être question d'excuse, car le mineur acquitté est non coupable, et l'excuse suppose toujours la culpabilité ;

2° Le mineur au-dessous de seize ans est déclaré avoir agi *avec discernement*. Dans ce cas, il est coupable ; mais on tient compte de son âge pour l'application de la peine. La loi le considère moins coupable qu'un majeur de seize ans ; son jeune âge est une excuse qui a pour effet d'atténuer la peine ainsi qu'il suit :

En cas de crime : s'il a encouru la peine de mort, des travaux forcés à perpétuité, de la déportation, en un mot, une peine perpétuelle, il sera condamné à la peine de 10 à 20 ans d'emprisonnement dans une maison de correction. — S'il a encouru la peine des travaux forcés à temps, de la détention ou de la réclusion, il sera condamné à être renfermé dans une maison de correction pour un temps égal au tiers au moins et à la moitié au plus de celui pour lequel il aurait pu être condamné à

9..

l'une de ces peines. — Dans tous les cas, il pourra être mis, par l'arrêt ou le jugement, sous la surveillance de la haute police pendant 5 ans au moins et 10 ans au plus. — S'il a encouru la peine de la dégradation civique ou du bannissement, il sera condamné à être enfermé d'un an à 5 ans dans une maison de correction (art. 67, C. P.).

L'art. 68 établit même, en faveur du mineur de 16 ans, une modification de juridiction et investit les tribunaux *correctionnels* de la mission de prononcer les peines ci-dessus, pourvu : 1° que le mineur de 16 ans n'ait pas de complices présents au-dessus de cet âge, et 2° qu'il soit prévenu de crimes autres que ceux que la loi punit de la peine de mort, de celle des travaux forcés à perpétuité, de la déportation ou de la détention.

En cas de délit : la peine ne pourra s'élever au-dessus de la moitié de celle à laquelle le mineur aurait été condamné s'il avait eu 16 ans (art. 69, C.P.).

— Pour obvier aux inconvénients de l'emprisonnement que doivent subir, dans des maisons de correction, les mineurs de 16 ans condamnés, la loi de 1850 a également établi des colonies correctionnelles.

— Le Code pénal, dans les articles 66 à 69, ne s'occupe que de crimes et de délits de police correctionnelle.

Deux questions principales se rattachent à ces textes : faut-il appliquer ces articles aux crimes et aux délits prévus par des lois spéciales? Faut-il même les étendre aux contraventions de simple police et permettre, pour celles-ci, les mesures de correction domestique de l'art. 66 et la réduction de moitié de l'art. 69?

On est généralement d'accord pour reconnaître que les termes généraux des art. 66 à 69 doivent comprendre les crimes et les délits prévus par des lois spéciales.

En ce qui concerne les contraventions de simple police, la place qu'occupent les art. 66 à 69, leurs expressions précises, qui ne se rapportent qu'aux crimes et aux délits, le peu de gravité des contraventions de simple police et l'élément purement matériel qui, le plus souvent, s'y rencontre, doivent faire décider, malgré la tendance contraire de la jurisprudence, que les art. 66 à 69 ne sauraient leur être appliqués.

Provocation.

Il y a provocation lorsqu'un délit n'a été commis qu'à la suite et sous l'influence d'une agression ou d'un acte offensant.

Il ne faut pas confondre celui qui agit sous l'empire d'une provocation et celui qui est en état de légitime défense.

Le premier agit par ressentiment, par esprit de vengeance, sous l'impression du mal reçu ; l'autre agit uniquement pour se défendre et en vue d'éviter le mal. Le premier est coupable, quoiqu'excusable ; l'autre n'est pas coupable, car il n'a fait qu'exercer un droit.

La provocation est une excuse atténuante d'une généralité plus restreinte que la minorité de 16 ans.

Elle n'excuse que le meurtre, les blessures et les coups. En effet, ces divers crimes ou délits sont excusés par le Code pénal dans les circonstances suivantes :

1° S'ils ont été *provoqués* par des coups et violences graves envers les personnes (art. 321, C. P.);

2° S'ils ont été commis en repoussant pendan, le jour (1) l'escalade ou l'effraction des clôtures, murs ou entrée de maison ou d'un appartement habité ou de leurs dépendances (art. 322, C. P.);

3° S'ils ont été commis par l'*époux* sur son épouse, ainsi que sur le complice, à l'instant où i₁

(1) Si c'était pendant la nuit, ce serait un cas de légitime défense, et il n'y aurait pas de culpabilité (art. 329, C. P.).

les surprend en *flagrant délit* dans la maison conjugale (art 324, C. P.) (1);

4° Si le meurtre ou les blessures résultant de la
castration ont été provoqués immédiatement par
un outrage violent à la pudeur (art. 325, C.'P.).

L'excuse résultant de la provocation dans les
cas ci-dessus indiqués aura pour effet : de réduire
toute peine criminelle à une simple peine d'emprisonnement : soit d'un an à 5 ans pour crime emportant mort, travaux forcés à perpétuité et déportation; soit de 6 mois à 2 ans pour tout autre crime,
et de réduire toute peine pour délit à un emprisonnement de 6 jours à 6 mois (art. 326, C. P.).

— A l'occasion du meurtre commis à la suite
d'une provocation par coups ou violences graves,
ou en cas d'escalade pendant le jour, l'art. 323
du Code pénal dispose « *que le parricide n'est jamais excusable* » et l'art. 324 établit, à son tour,
que le meurtre d'un époux sur son conjoint (sauf
ce qui est dit pour le mari, en cas de flagrant délit
d'adultère) n'est pas excusable, si la vie du meur-

----

(1) Il ne faut donc pas dire, comme on le dit généralement,
que le mari a *le droit* de tuer la femme et son complice qu'il
surprend en flagrant délit d'adultère. Souvent, il est vrai, le
jury déclare le mari non coupable; mais il pourrait le déclarer coupable, et malgré le flagrant délit reconnu le mari serait condamné, conformément à l'art. 326, dont nous rap-
portons les dispositions.

trier n'a pas été mise en danger au moment même du meurtre. — Ces articles n'ont pas le sens absolu que comportent leurs termes.

Et d'abord, en ce qui concerne le parricide, la loi qui ne l'excuse *jamais* n'a pas voulu parler des cas où il n'y a pas de culpabilité pénale, c'est-à-dire des cas où il y a eu démence, contrainte, ordre de la loi avec commandement de l'autorité légitime, ou même légitime défense proprement dite (controverse). En outre, l'excuse tirée de la minoritée de 16 ans s'applique au parricide comme à tout autre crime. L'art. 323 a simplement voulu dire que le parricide ne serait jamais excusable pour les causes de provocations indiquées plus haut, dans les art. 321 et 322, qui prévoient les coups ou violences graves et l'escalade pendant le jour.

En ce qui concerne le meurtre d'un époux sur son conjoint, l'art. 324 doit recevoir une interprétation analogue. Quoiqu'il exige, pour l'excusabilité, que la vie du meurtrier ait été en danger, il n'a pas voulu parler du cas de la légitime défense proprement dite, où il n'y a pas de culpabilité et où il ne peut être question d'excuse; il n'a pas voulu parler davantage des autres cas de non culpabilité qui doivent être traités comme la légitime défense. Le sens de l'art. 324 serait donc celui-ci :

la provocation par coups ou violences graves de l'art. 321, ou l'escalade pendant le jour, conformément à l'art. 322, n'excuseront le meurtre d'un époux sur son conjoint qu'autant que la vie du meurtrier aurait *été mise en péril* au moment du meurtre, sans que cependant le meurtre eût été le seul moyen de salut pour le meurtrier.

— En dehors de la minorité de 16 ans et de la provocation, qui sont des excuses présentant un caractère de généralité, nous trouvons, dans le Code pénal, plusieurs excuses atténuantes *spéciales,* c'est-à-dire applicables à tel ou tel délit en particulier. Nous renvoyons, pour ces sortes d'excuses, aux art. 135, 284, 285, 288, 343, 441 du Code pénal.

§ II. — CIRCONSTANCES ATTÉNUANTES.

Les circonstances atténuantes sont des faits indéterminés, complètement abandonnés à l'appréciation des juges ou des jurés et qui, variables dans chaque cause, ont pour effet de modifier la culpabilité individuelle et de diminuer, en conséquence, la peine à appliquer.

I. *Historique des circonstances atténuantes.*

Dans l'ancien droit, le système des peines arbitraires permettait aux juges de tenir compte des divers degrés de la culpabilité individuelle ; mais ce système avait un vice capital : il substituait l'arbitraire du juge à la volonté du législateur ; il livrait les citoyens à la discrétion et au caprice d'un homme et engendrait l'injustice et l'inégalité.

Le Code pénal de 1791 et le Code des délits et des peines réagirent contre l'arbitraire de l'ancien droit. Ils établirent, en matière criminelle, des peines fixes et réservèrent aux juges pour les délits de police simple et de police correctionnelle une certaine latitude pour se mouvoir entre un *minimum* et un *maximum*.

Le Code pénal de 1810 conserva ce premier moyen de tenir compte de la culpabilité individuelle, il l'étendit même à plusieurs cas de crimes.

Ce moyen était insuffisant : 1° parce qu'il ne peut être employé dans tous les cas ; en effet, plusieurs délits de police correctionnelle (198, 281, 289) et un grand nombre de crimes, et surtout des plus graves, ceux qui entraînent la mort et les peines perpétuelles, sont punis de peines fixes que le juge ne peut corriger par la latitude d'un minimum et d'un maximum ; 2° parce que, même dans les cas nombreux où cette latitude est autorisée, on comprend que certaines situations réclament encore un adoucissement de la peine et qu'un moyen subsidiaire permette de tenir compte des nuances variées de la culpabilité dans chaque cause.

Ce moyen subsidiaire consiste, pour le juge, à déclarer qu'il y a dans la cause des *circonstances atténuantes* et à diminuer, en conséquence, la peine dans les limites tracées par la loi.

Ce pouvoir de reconnaître des circonstances atténuantes fut accordé déjà par le Code de 1810, mais uniquement pour les délits de police correctionnelle punis d'emprisonnement, et seulement dans le cas où le préjudice n'excéderait pas 25 fr.

Une loi du 25 juin 1824 étendit ce pouvoir à certains crimes : l'infanticide, les coups ou blessures ayant produit une incapacité de travail de plus de vingt jours, et divers vols qualifiés ; elle réserva aux magistrats de la cour d'assises et non au jury la mission de déclarer l'existence de circonstances atténuantes.

Enfin, la grande loi de révision du Code pénal de 1832 est venue généraliser le système des circonstances atténuantes. Elle permet de les reconnaître et d'en appliquer le bénéfice à tous les crimes, à tous les délits de police correctionnelle et même à toutes les contraventions de simple police ; en un mot, à toutes les infractions à la loi pénale. Ce pouvoir de déclarer l'existence de circonstances atténuantes appartient au jury en cas de crimes, et aux juges ordinaires en cas de délits de police correctionnelle ou de contraventions de simple police.

La déclaration de circonstances atténuantes et le bénéfice d'atténuation qui en résulte s'appliquent-ils seulement aux délits prévus par le Code pénal ou même aux délits prévus et punis par des lois spéciales ?

Cette question importante est formellement résolue par les textes.

Il faut distinguer entre les crimes, d'une part, et les délits de police correctionnelle et les contraventions de simple police, d'autre part.

Pour les *crimes*, les termes généraux de l'art. 463 du Code pénal, et les termes plus explicites encore de l'art. 341 du Code d'instruction criminelle, « en *toute* matière criminelle, etc., » permettent *toujours* de déclarer l'existence de circonstances atténuantes, même s'il s'agit de crimes prévus par des lois spéciales.

Pour les *délits* de police correctionnelle et les *contraventions* de simple police, les termes non moins formels des art. 463 et 483 du Code pénal restreignent le bénéfice des circonstances atténuantes à ceux qui ont été prévus par le Code pénal. Les délits de police correctionnelle et les contraventions de simple police résultant de *lois spéciales,* ne donneront lieu à l'application des circonstances atténuantes qu'autant qu'un texte positif des lois spéciales l'aurait autorisée. C'est en ce sens, du reste, que sont conçues la plupart des lois spéciales (loi du 5 juillet 1844, sur les brevets d'invention, art. 44 ; loi du 15 juillet 1845, sur la police des chemins de fer, art. 26 ; loi du 19 décembre 1850, sur le délit d'usure, art. 6 ; c'est en ce sens qu'est conçu le projet de loi sur les réunions publiques, art. 11, etc.). Parmi les lois spéciales qui n'autorisent pas, soit expressément, soit tacitement, l'application de l'art. 463 du Code pénal sur les circonstances atténuantes, nous citerons la loi sur la police de la chasse du 3 mai 1844, art. 20 ; le Code forestier, art. 203 ; le nouveau projet de loi sur la presse, art. 11 ; le Code de justice militaire du 9 juin 1857, sauf certains cas qu'il énumère.

II. *De l'effet de la déclaration de circonstances atténuantes.*

La diminution de peine résultant d'une déclaration de circonstances atténuantes est réglée par l'art. 463 du Code pénal modifié par la loi du 13 mai 1863.

Cet article est trop important pour que nous ne le reproduisions pas littéralement.

Art. 463 C. P. « Les peines prononcées par la « loi contre celui ou ceux des accusés reconnus « coupables, en faveur de qui le jury aura déclaré « les circonstances atténuantes, seront modifiées « ainsi qu'il suit : — Si la peine prononcée par la « loi est la mort, la cour appliquera la peine des « travaux forcés à perpétuité ou celle des travaux « forcés à temps. — Si la peine est celle des tra- « vaux forcés à perpétuité, la cour appliquera la « peine des travaux forcés à temps ou celle de la « réclusion. — Si la peine est celle de la déporta- « tion dans une enceinte fortifiée, la cour appli- « quera celle de la déportation simple ou celle de « détention ; mais, dans les cas prévus par les « art. 96 et 97, la peine de la déportation simple « sera seule appliquée. — Si la peine est celle de « la déportation, la cour appliquera la peine de « la détention ou celle du bannissement. — Si la « peine est celle des travaux forcés à temps, la « cour appliquera la peine de la réclusion ou les « dispositions de l'art. 401, sans toutefois pouvoir « réduire la durée de l'emprisonnement au-dessous « de 2 ans. — Si la peine est celle de la réclusion, « de la détention, du bannissement ou de la dé- « gradation civique, la cour appliquera les dispo-

« sitions de l'art. 401, sans toutefois pouvoir ré-
« duire la durée de l'emprisonnement au-dessous
« d'un an. — Dans le cas où le Code prononce le
« maximum d'une peine afflictive, s'il existe des
« circonstances atténuantes, la cour appliquera le
« minimum de la peine ou même la peine infé-
« rieure. — Dans tous les cas où la peine de l'em-
« prisonnement ou celle de l'amende sont pronon-
« cées par le Code pénal, si les circonstances pa-
« raissent atténuantes, les tribunaux correctionnels
« sont autorisés, même en cas de récidive, à ré-
« duire ces deux peines comme suit : — Si la peine
« prononcée par la loi, soit à raison de la nature
« du délit, soit à raison de l'état de récidive du
« prévenu, est un emprisonnement dont le mini-
« mum ne soit pas inférieur à un an ou à une
« amende dont le minimum ne soit pas inférieur
« à 500 fr., les tribunaux pourront réduire l'em-
« prisonnement jusqu'à 6 jours et l'amende jus-
« qu'à 16 fr. — Dans tous les autres cas, ils pour-
« ront réduire l'emprisonnement même au-des-
« sous de 6 jours et l'amende même au-dessous
« de 16 fr. Ils pourront aussi prononcer séparé-
« ment l'une ou l'autre de ces peines et même
« substituer l'amende à l'emprisonnement, sans
« qu'en aucun cas elle puisse être au-dessous des
« peines de simple police. »

— L'art. 483 se borne, pour les contraventions de simple police, à renvoyer à l'art. 463.

D'après cet art. 463, le système d'atténuation de peines par suite de circonstances atténuantes peut être ainsi résumé :

1° *Pour les peines criminelles :* En principe, la déclaration de circonstances atténuantes permet aux juges, en se plaçant sur les deux échelles de peines, celle de droit commun et celle de l'ordre politique, de descendre d'un ou de deux échelons, excepté dans les cas prévus aux art. 96 et 97 (1), où la déportation dans une enceinte fortifiée, s'il s'agit de crimes politiques, ne pourra être remplacée que par la déportation simple.

En outre, quand la loi prononce le maximum d'une peine afflictive, le minimum forme le premier échelon de l'atténuation et la peine inférieure forme le second.

La limite extrême de l'atténuation consiste dans l'application des peines de l'art. 401. Ces peines sont : l'emprisonnement de 1 à 5 ans, une amende facultative de 16 à 500 fr., une interdiction facultative des droits civiques, civils et de famille de 5 à 10 ans, et une mise en surveillance facultative de 5 à 10 ans.

(1) La mention de l'article 86 a été supprimée par la loi du 13 mai 1863.

Enfin, les peines du bannissement et de la dégradation civique sont toujours franchies, dans le
calcul d'atténuation, de telle sorte qu'on y substitue les peines de l'art. 401 ;

2° *Pour les peines correctionnelles* : Avant la
loi de 1863, les juges avaient, par suite d'une
déclaration de circonstances atténuantes, un pouvoir très étendu ; ils pouvaient, dans tous les cas,
abaisser la peine de manière à la réduire à une
peine de simple police, même à 1 fr. d'amende. —
D'après la nouvelle loi de 1863, il faut distinguer :
si le minimum de la peine qui serait à prononcer
est au moins d'un an d'emprisonnement ou de
500 fr. d'amende, les circonstances atténuantes ne
pourront la faire descendre au-dessous de six
jours d'emprisonnement et de 16 fr. d'amende, et
l'amende ne pourra être substituée à l'emprisonnement ; si, au contraire, le minimum de la peine à
prononcer est inférieur à un an d'emprisonnement ou à 500 fr. d'amende, les circonstances
atténuantes permettront aux juges, comme autrefois, de réduire l'emprisonnement, même au-
dessous de six jours, ou l'amende, même au-
dessous de 16 fr., de prononcer au besoin l'une ou
l'autre de ces peines, et même de substituer
l'amende à l'emprisonnement.

—Nous pouvons remarquer que l'emprisonne-

ment ou l'amende descendant aux peines de simple
police, par suite de circonstances atténuantes,
conservent leur caractère de peines de police correctionnelle; en conséquence, l'emprisonnement
sera subi dans une maison de correction et l'a-
mende sera attribuée au fonds commun du département ;

3° *Pour les peines de simple police*: La déclara-
ration de circonstances atténuantes aura pour
effet de permettre, dans tous les cas, un abaisse-
ment de la peine jusqu'à 1 fr. d'amende (1).

§ III. — DIFFÉRENCES ENTRE LES EXCUSES ET LES CIRCONSTANCES ATTÉNUANTES.

1° Les excuses sont des faits précis, limitativement déterminés par la loi et qui ont pour effet de
modifier la culpabilité absolue. — Les circonstances atténuantes sont des faits illimités, complé-

---

(1) Quel sera l'effet des circonstances atténuantes, quant
aux peines accessoires qui se rattachent à certains délits de
police correctionnelle ou à certaines contraventions de simple
police? Il faut, d'après la jurisprudence, faire une distinction.
Les juges peuvent s'abstenir de prononcer l'interdiction spéciale des droits civiques, civils et de famille, ou la surveillance de la police, même dans les cas où le texte de la loi
est impératif; mais ils doivent prononcer la confiscation spéciale et l'affiche du jugement de condamnation, lorsque la loi
édicte expressément ces peines.

tement abandonnés à la conscience des juges et des jurés, et qui ont pour effet de modifier la culpabilité individuelle;

2° Les excuses ont pour effet : soit d'exempter de la peine (excuses absolutoires), soit de la diminuer (excuses atténuantes). — Les circonstances atténuantes n'ont jamais pour effet que de réduire la peine, et, en général, elles la réduisent moins que les excuses atténuantes;

3° Les excuses sont l'objet de questions spéciales et distinctes posées au jury. — Les circonstances atténuantes, au contraire, ne sont pas l'objet d'une question spéciale soumise par écrit au jury. Le président de la cour d'assises avertit seulement le jury que, s'il reconnaît des circonstances atténuantes, il devra le déclarer;

4° Le bénéfice des excuses est acquis à l'accusé par cela seul qu'il y a partage de voix dans le jury. — Les circontances atténuantes, au contraire, ne peuvent être déclarées par le jury qu'à la majorité des voix.

CHAPITRE III

De la complicité.

SECTION PREMIÈRE

De la complicité proprement dite.

Le délit peut n'être pas le fait d'un seul agent. De même que l'on conçoit que plusieurs délits aient pu être commis par un seul agent, soit en cas de cumul, soit en cas de récidive; de même il peut arriver que plusieurs agents se trouvent unis dans un même délit et qu'ils aient tous à en répondre. Lorsque cette dernière situation se présente, on dit, dans un sens général, qu'il y a complicité (*cum-plexus, cum-plectere*, lier et frapper avec), pour exprimer l'idée d'un lien qui unit plusieurs agents dans le délit et qui doit les unir dans le châtiment. Ce lien, dans le même délit, aura pour effet de produire une indivisibilité dans les poursuites, dans la procédure, et d'étendre, au besoin, la compétence pour permettre de juger ensemble les divers participants au délit.

§ I. — DÉFINITION DE LA COMPLICITÉ. — DIVERS CAS DE COMPLICITÉ.

Dans notre droit positif, le mot complice prend une acception plus spéciale.

En effet, le Code distingue les divers participants à un même délit en deux classes : les *auteurs* et les *complices*.

Par auteurs, il entend ceux qui ont exécuté physiquement les actes constitutifs du délit, ou du moins les faits matériels tendant à la production directe de l'effet préjudiciable du délit ; par exemple : ceux qui, en cas d'homicide ou de coups et blessures, ont frappé la victime, ou ceux qui, en cas d'incendie, ont mis le feu aux objets à brûler, ou, en cas de vol, ont porté la main sur les objets à soustraire ; ou bien encore : ceux qui ont tenu la victime pour l'empêcher de se défendre, ceux qui ont placé les matières inflammables destinées à l'incendie.

10.

Par complices, le Code désigne tous les participants, autres que les auteurs, qui ont joué dans le
délit un certain rôle, sans avoir été les agents matériels et directement producteurs du délit.

L'art. 60 du Code pénal énumère limitativement les cas de complicité. On trouve dans cet article des complices :

Soit dans la *résolution*, — tels sont les provocateurs qui, par un des moyens d'influence indiqués
dans l'article, par dons, promesses, menaces, etc.,
ont été véritablement la cause génératrice, la
cause première du délit (1). Il ne suffit pas d'un
simple conseil, d'une simple exhortation ou d'un
mandat; il faut que la provocation résulte d'un des
moyens d'influence indiqués par l'article. En conséquence, la question posée au jury ne devra pas
être celle-ci : un tel est-il complice ? ou : un tel est-il
complice par provocation ? Le jury devra être interrogé ainsi : un tel est-il coupable d'avoir, par *dons,
promesses, menaces, etc.*, provoqué à telle action.

Soit dans la *préparation*, — par exemple : ceux
qui ont procuré des armes, des instruments, ou
tout autre moyen, notamment des vêtements dans

(1) A la provocation par un des moyens déterminés dans
l'article 60, il faut ajouter celle qui résulterait de discours,
d'écrits, de dessins, dans des lieux publics. (Loi des 17 et
18 mai 1819, art, 1er.)

un but de déguisement, ayant servi à commettre le délit (art. 60, § 2) ; ceux qui ont donné des instructions pour commettre le délit (art. 60, § 1ᵉʳ, *in fine*).

Soit dans l'*exécution*, — par exemple ; ceux qui ont tenu l'échelle, ou gardé les issues, ou fait le guet ; les imprimeurs d'un écrit délictueux, les témoins d'un duel, etc. (art. 60, § 3).

Une remarque importante à faire, c'est que la complicité n'est incriminée qu'autant que les actes qui la constituent ont été faits *sciemment*. Aussi l'art. 60 énonce-t-il expressément cette condition dans les deux derniers paragraphes par les termes suivants : *sachant, avec connaissance*. Et quant aux provocateurs et à ceux qui ont donné des instructions pour commettre le délit dont il est parlé dans le § 1, leur qualité suppose nécessairement qu'ils ont agi en connaissance de cause.

— Dans la doctrine, les provocateurs sont appelés souvent *auteurs intellectuels,* et les autres complices sont qualifiés *d'auxiliaires*.

— De ce qui précède, il résulte qu'il faut soigneusement distinguer si deux individus ayant pris part à un délit sont des co-auteurs ou co-délinquants ; ou si, au contraire, l'un d'eux seulement est auteur et l'autre complice.

En effet, s'il s'agit de deux co-auteurs, il n'y a pas à s'inquiéter à l'égard de l'un ou de l'autre des caractères exigés par la loi pour la complicité; chacun des co-auteurs est un coupable principal, chacun d'eux a une situation spéciale et indépendante; la culpabilité de chacun d'eux est appréciée séparément et distinctement d'après les règles ordinaires. Au contraire, s'il s'agit d'un auteur et d'un complice, la nature, la criminalité même du fait se détermine en la personne de l'auteur, ainsi que nous le verrons plus loin; le complice est vis-à-vis de l'auteur dans une situation de subordination et de dépendance et l'on examine simplement pour lui s'il est dans un des cas déterminés de complicité prévus par la loi. — En outre, en cas de vol, la circonstance qu'il y a eu plusieurs co-auteurs ou co-délinquants est une circonstance aggravante qui, réunie à une autre circonstance, notamment à celle de chemins publics ou de lieu habité, fait dégénérer le vol en un crime, justiciable de la cour d'assises, et puni des travaux forcés ou de la réclusion (art. 384-386, C. P.) — Au contraire, dans le cas où on ne reconnaîtrait qu'un auteur et un complice, le vol ne serait pour l'un et pour l'autre qu'un délit de police correctionnelle, n'entraînant qu'un emprisonnement d'un an à 5 ans (art. 401, C. P.):

La question de savoir si, dans le cas du dernier

paragraphe de l'art. 60, il y a des co-auteurs ou seulement un auteur et un complice, sera souvent délicate. C'est ainsi que la jurisprudence a quelquefois reconnu que celui qui faisait le guet pour faciliter un vol était un co-auteur et non un complice.

§ II. — DES RÈGLES DE PÉNALITÉ A APPLIQUER AU COMPLICE.

L'art. 59 du Code pénal dispose « que les complices d'un *crime* ou d'un *délit* seront punis de la même peine que les auteurs mêmes de ce crime ou de ce délit, sauf les cas où la loi en aurait disposé autrement. » La règle que les complices d'un crime ou d'un délit (1) doivent être punis de la même peine que les auteurs, ne doit pas être entendue d'une façon trop littérale.

Elle ne signifie pas qu'en fait la peine contre le complice devra être identiquement la même que celle qui aura été prononcée contre l'auteur. Il se peut, d'abord, qu'aucune peine ne soit prononcée contre l'auteur, soit parce qu'il est mort, soit parce qu'il a été acquitté, et que le complice soit néanmoins puni. — Il est possible encore que l'auteur soit

---

(1) La complicité, en matière de contraventions de simple police, n'est punie que très exceptionnellement; par exemple, dans les art. 479, n° 8, et 480, n° 5, du Code pénal : tapages injurieux ou nocturnes.

condamné au maximum de la peine et le complice au minimum, ou réciproquement ; ou bien encore que des circonstances atténuantes soient déclarées pour l'un et non pour l'autre.

Cette règle ne veut pas dire non plus que le complice devra être puni de la même peine que s'il était lui-même l'auteur. En effet, c'est en la personne de l'auteur que se caractérise le délit. Par suite, l'étranger qui aide un fils à donner la mort à son père encourt la peine du parricide, tandis que, s'il était lui-même l'auteur, il n'encourrait que la peine du meurtre et le fils, son complice, ne serait plus exposé à la peine du parricide.

La règle de l'article 59 doit être entendue en ce sens que le complice sera puni de la même peine que celle prononcée par *la loi* contre le crime ou le délit commis par *l'auteur,* c'est-à-dire de la même peine de droit, mais non pas nécessairement de la même peine de fait.

— Quelques exceptions à cette identité légale de peine se trouvent dans plusieurs articles du Code pénal : 267, 268, 293, 441. Nous verrons, en outre, que la loi a fait au recéleur qu'elle assimile au complice une situation spéciale.

— Pour que le complice soit ainsi puni de la même peine que l'auteur, il faut qu'il y ait un délit commis, soit que ce délit ait été consommé, soit qu'il ait été manqué ou suspendu par des circonstances indépendantes de la volonté de l'auteur, conformément à ce que nous avons dit en traitant de la tentative.

Si le fait est déclaré non constant ou non puni par la loi, ni l'auteur, ni le complice ne pourront être punis. Ainsi, celui qui a fourni l'arme ou le poison pour un suicide ne pourrait être condamné comme complice, puisque le suicide n'est pas punissable ; mais si le fait punissable, étant reconnu constant, il est jugé que l'auteur n'est pas coupable, l'acquittement de l'auteur n'empêcherait pas la condamnation du complice. Celui-ci pourrait être également poursuivi si l'auteur était inconnu, ou en fuite, ou décédé.

Des explications qui précèdent sur la manière d'entendre la règle que le complice doit être puni de la même peine que l'auteur, il suit :

1° Que le complice peut être puni, quoique l'auteur ne le soit pas, notamment s'il y a eu impossibilité de poursuivre ce dernier, ou s'il est intervenu en sa faveur une déclaration de non culpabilité ;

2° Que, par suite de circonstances tenant à la culpabilité individuelle et soumises à l'appréciation du juge, le maximum de la peine a pu être prononcé contre l'auteur, et le minimum contre le complice, ou réciproquement ; enfin que des circonstances atténuantes peuvent être déclarées en faveur de l'un et non en faveur de l'autre.

Mais quel sera l'effet, sur le complice, des causes *légales* d'aggravation ou d'atténuation du délit commis par l'auteur? Ces causes, qui modifient la culpabilité abstraite, telle que le législateur l'a établie, exerceront-elles leur influence sur le complice?

Cette question, difficile et très débattue, doit être résolue par les distinctions suivantes :

S'agit-il de circonstances qui affectent la culpabilité *individuelle* de l'auteur, en raison d'une situation qui lui est particulière, elles ne devront pas produire leur effet aggravant ou atténuant sur le complice. Ainsi, l'auteur était-il en état de récidive, l'aggravation résultant de cette circonstance ne pourra être appliquée au complice. A l'inverse, l'auteur était-il un mineur de 16 ans, l'excuse tirée de son état de minorité ne pourra profiter au complice. Nous appliquerons la même solution aux causes d'aggravation ou d'atténuation résultant de faits postérieurs au délit et personnels à l'auteur. C'est ainsi que nous déciderons que si, après un meurtre, l'auteur du meurtre commet seul et sans complice un vol chez sa victime, avec escalade, effraction, fausses clés, ou pendant la nuit dans une maison habitée, etc. (art. 385, 386, C. P.), il subira seul l'effet aggravant prévu par l'art. 304 du Code pénal, c'est-à-dire la peine de mort, au lieu des travaux forcés à perpétuité. De même, en sens inverse, si l'auteur du crime de fausse monnaie dénonce, avant toute poursuite, les autres coupables ou en procure l'arrestation, cette excuse absolutoire de l'art. 138 du Code pénal ne pourra être étendue au complice. — Si c'était le complice et non l'auteur qui fût dans un des cas que nous venons d'indiquer, il subirait seul l'aggravation, comme il profiterait seul de l'atténuation qui en résulterait.

S'agit-il de circonstances qui affectent la criminalité même du fait, qui servent à qualifier et à caractériser le délit et qui le rendent plus ou moins grave, leur effet aggravant ou atténuant devra s'étendre au complice. Ces circonstances servent, en effet, à déterminer la peine que la loi prononce contre le délit commis par l'auteur et cette peine doit être subie par le complice, conformément à l'art. 59 du Code pénal. Aucune difficulté n'existe, à cet égard, pour les circonstances qu'on appelle quelquefois *matérielles,* telles que seraient, pour l'aggravation : la préméditation, le guet-apens, dans le meurtre; l'escalade, l'effraction, dans le vol; ou pour l'atténuation : la provocation par coups ou violences graves, dans le meurtre. Mais si ces circonstances qui affectent le délit, qui ser-

vent à le caractériser et à l'incriminer tiennent à
des *qualités personnelles* qui se rencontrent chez
l'auteur et non chez le complice, celui-ci devra-t-il
encore en souffrir ou en profiter ? Malgré les
doutes exprimés sur ce point par quelques crimi-
nalistes, et nonobstant les incertitudes de la jurisprudence, il faut décider logiquement que les causes
d'aggravation ou d'atténuation qui affectent le
délit en lui-même et lui donnent un caractère particulier par suite de qualités personnelles à l'auteur doivent étendre leur influence sur le complice. C'est ainsi qu'en ce qui touche l'aggravation, nous déciderons que la qualité de descendant chez l'auteur d'un meurtre entraînera, pour
le complice, la peine du parricide ; que la qualité
de fonctionnaire ou officier public dans le crime
de faux (art. 145 et 147, C. P.) devra entraîner
pour le complice la peine des travaux forcés à perpétuité ; que la qualité de domestique ou d'auber-
giste, dans le vol (art. 386, C. P.) exposera légalement le complice à la peine de la réclusion. Ces
solutions rigoureuses se déduisent du texte même
de l'art. 59. C'est, en effet, la peine, telle que la
loi la prononce contre le délit commis par l'auteur,
qui doit être appliquée au complice. Mais faut-il,
au moins, pour appliquer au complice l'aggravation ou l'atténuation résultant de circonstances

affectant la criminalité même du fait qu'il ait connu ces circonstances ? La négative ne saurait être douteuse. L'art. 63 du Code pénal qui, pour le recéleur, exige cette connaissance pour l'application de certaines peines, nous montre bien, par un argument *à contrario,* qu'il n'y a pas, pour la complicité véritable, à distinguer et que la connaissance de ces circonstances n'est pas exigée. D'ailleurs, disait-on dans l'exposé des motifs de la loi : « le complice se soumet à toutes les chances des événements, et il consent à toutes les suites du crime. »

Nous pouvons, par suite des observations qui précèdent, résumer ainsi l'intérêt pratique à distinguer l'auteur du complice :

1° C'est la personne de l'auteur qui sert à déterminer la nature et les caractères du délit commis. Nous renvoyons, pour l'application de cette idée, aux exemples que nous avons donnés, notamment au cas de parricide ;

2° C'est sur l'auteur que se poseront les questions du fait principal et celles de circonstances aggravantes ou d'excuses destinées à affecter la criminalité du fait. —La question, pour le complice, sera celle de savoir s'il est coupable de tel ou tel acte constituant, aux termes de l'article 60, un des modes de complicité.

SECTION II

Cas assimilés par la loi à la complicité.

Le Code a assimilé à la véritable complicité deux cas qui sont plutôt des cas de connexité et qui supposent deux délits, et non pas, comme dans la complicité, un seul et même délit.

Le premier de ces cas, prévu par l'article 61, est relatif à ceux qui, connaissant la conduite criminelle de malfaiteurs exerçant des brigandages ou des violences, leur fournissent *habituellement* logement, lieu de retraite ou de réunion.

Ce cas ressemble à la complicité, en ce que les personnes qui donnent un asile habituel à des malfaiteurs dont elles connaissent la conduite criminelle sont considérées comme leur ayant fourni les moyens de commettre leurs brigandages.

Il s'éloigne de la véritable complicité, en ce que ces personnes sont punies comme complices de crimes ou de délits même ignorés d'elles. Il n'est pas nécessaire, en effet, qu'elles aient fourni un lieu de retraite en vue de tel ou tel crime ou délit préalablement indiqué. Leur responsabilité n'est pas subordonnée à la connaissance d'un délit dé-

terminé, mais à la conduite, en général, des malfaiteurs.

Rigoureusement, ce fait de donner un asile habituel destiné à protéger des actes ignorés aurait
dû être considéré comme un cas de connexité constituant un délit particulier ; mais le Code l'a traité
comme un cas de complicité. C'est une raison
d'entendre l'article qui s'y réfère dans un sens
étroit et exceptionnel. Il faudra donc, pour qu'il y
ait lieu à l'application des règles de la complicité :
1° qu'il y ait eu connaissance de la part des lo-
geurs de la conduite criminelle des malfaiteurs ;
2° que ceux-ci se rendent coupables de brigandages ou de violences, ce qui exclut ceux qui se
rendent coupables de filouteries, d'escroqueries,
de vols simples, etc. ; 3° que le fait de donner
asile ait été *habituel*.

Le second cas assimilé à la complicité est celui
du *recel*. L'article 62 punit comme complices
« ceux qui, sciemment, ont recélé, en tout ou en
« partie, des choses *enlevées, détournées* ou *obte-*
« *nues* à l'aide d'un crime ou d'un délit. »

Ce cas, comme le précédent, n'est pas un véritable cas de complicité. Le recel, en effet, suppose
que le premier crime ou délit a été achevé ; il devrait constituer, dès lors, un délit distinct et con-
nexe puni de peines spéciales. Le Code en a fait

un cas de complicité, parce que le recéleur est considéré comme ayant été le provocateur du délit ; la loi, d'accord avec ce dicton : « *S'il n'y avait pas de recéleur, il n'y aurait pas de voleur,* » regarde le recéleur comme l'auteur intellectuel du délit ; elle suppose chez le recéleur qui agit sciemment une promesse tacite faite à l'avance de prêter aide et secours au délinquant. Quelle que soit la gravité de cette considération, il n'en est pas moins vrai que le recel est un fait postérieur au délit, qu'il n'en est pas nécessairement la cause déterminante, car le recel pourra être un fait isolé chez le recéleur ; il pourra même être fait gratuitement, sans esprit de cupidité.

L'assimilation du recel à la complicité ne s'applique pas seulement au cas de recel de choses volées, comme le disait le Code pénal de 1791, mais au recel de choses, soit *enlevées,* soit *détournées,* soit *obtenues* à l'aide d'un crime et d'un délit. Ces diverses expressions ont en vue : soit les soustractions par fraude ou violence ; soit les abus de confiance ou détournements, soit les escroqueries ou les fabrications en fraude, en un mot, tous les crimes ou délits dont les bénéfices illicites peuvent être mis à couvert par le recéleur.

Quoique le législateur ait assimilé le recéleur au complice, néanmoins des distinctions sont à faire quant à l'application qui doit lui être faite des peines prononcées contre le crime ou le délit commis par l'auteur. L'art. 63 prévoit, à cet égard, trois hypothèses :

1° Si la peine prononcée par la loi contre le crime commis par l'auteur est la mort, elle sera remplacée, pour le recéleur, par celle des travaux forcés à perpétuité. C'est une innovation de la loi de révision de 1832. Pour comprendre l'application de cette disposition de la loi, on peut supposer le recel d'objets volés à la suite d'un meurtre destiné à faciliter le vol, crime puni de mort, d'après l'art. 304, C. P. Dans ce cas, le recéleur qui aurait connaissance, non-seulement du vol, mais du meurtre qui l'aurait précédé, ne pourrait être puni que de la peine des travaux forcés à perpétuité;

2° Si la peine est celle des travaux forcés à perpétuité ou de la déportation, elles ne seront prononcées contre le recéleur qu'autant qu'il aura eu *connaissance*, au temps du recélé, des circonstances auxquelles la loi attache une peine perpétuelle. S'il ne les a *pas connues*, les peines des travaux forcés à perpétuité ou de la déportation seront remplacées pour lui par la peine des travaux forcés à temps. Cette diminution de peine est une dérogation au droit commun en faveur du recéleur;

3° Si la peine prononcée par la loi est une peine

temporaire, elle sera prononcée contre le recéleur, sans qu'il y ait à distinguer s'il a eu ou non connaissance des circonstances aggravantes du crime ou du délit. Cette solution résulte, *à contrario*, de la distinction qui précède. Elle n'est alors que l'application du droit commun en matière de complicité.

En résumé : le recéleur ne subit jamais la peine de mort ; quant aux autres peines perpétuelles, il ne subit que partiellement les effets des circonstances aggravantes ignorées de lui ; quant aux peines temporaires, il subit totalement les effets des circonstances aggravantes même ignorées de lui.

Dans le cas où le vol n'est pas punissable, par suite de certaines relations de parenté ou d'alliance entre le voleur et la victime du délit, la loi réserve expressément l'application de la peine du vol au recéleur (art. 380, *in fine,* C.P.) (1).

_____

(1) Il ne faut pas confondre la *complicité,* dont nous venons de parler, avec la *connexité.* La complicité suppose un seul délit et plusieurs agents ; la connexité n'existe qu'autant qu'il y a plusieurs délits, soit à la charge d'un seul agent, soit à la charge de plusieurs agents.

Les principaux cas de connexité sont indiqués, à titre énonciatif, dans l'art. 227 du Code d'instruction criminelle : « Les délits sont connexes, soit lorsqu'ils ont été commis par différentes personnes, même en différents temps ou divers lieux, mais par suite d'un concert formé à l'avance entre elles ; soit

— D'autres actes, également postérieurs au délit, peuvent avoir été commis dans le but, notamment, de procurer l'impunité du coupable; mais aucun d'eux n'a été, comme le recel d'objets formant le bénéfice illicite du délit, assimilé à la complicité. Quelques-uns ne sont pas punis, d'autres constituent des délits *sui generis*.

Ainsi, d'une part : ni la non dénonciation du délit, ni le recel des instruments ayant servi à le commettre, ni les actes ayant pour but de procurer la fuite du coupable non détenu, ne sont punissables ; d'autre part : le recel de la personne du coupable d'un crime emportant peine afflictive est puni de peines de police correctionnelle (art. 248, C. P.) ; le recel du cadavre d'une personne homicidée est puni également de peines de police correctionnelle un peu plus fortes que dans le cas précédent (art. 359, C. P.); les actes ayant eu

---

lorsque les coupables ont commis les uns pour se procurer les moyens de commettre les autres, pour en faciliter, pour en consommer l'exécution ou pour en assurer l'impunité. »

Un cas remarquable de connexité produisant une aggravation qui entraîne la peine de mort, c'est celui du meurtre ayant eu pour objet de préparer, faciliter ou exécuter un délit, ou de favoriser la fuite, ou d'assurer l'impunité des auteurs ou complices de ce délit.

La connexité a pour effet : 1º d'exercer de l'influence sur la pénalité ; 2º de permettre la jonction des procédures et une prorogation de juridiction (art. 226, 308, 526 et 540, C. Inst. crim.)

pour but ou pour effet de faciliter ou de procurer l'évasion de détenus sont punis conformément aux articles 237 et suivants du Code pénal; le faux témoignage, soit en faveur des inculpés, prévenus ou accusés, soit contre eux, est puni de peines diverses, conformément aux dispositions des articles 361 et suivants du Code pénal.

CODE

D'INSTRUCTION CRIMINELLE

Le Code d'instruction criminelle a principalement pour objet les juridictions et la procédure pénales.

Nous avons déjà dit, dans notre Introduction, que cette qualification d'instruction criminelle nous venait du régime inquisitorial où la procédure, en matière de crimes, consistait uniquement dans l'instruction, puisqu'elle n'autorisait ni publicité, ni débat oral jusqu'à la sentence.

Notre Code admet, il est vrai, cette procédure secrète dans l'instruction préparatoire ; mais il consacre les principes de l'Assemblée constituante sur l'instruction publique des procès à l'audience, devant les juridictions de jugement, sur la nécessité pour l'accusation de faire la preuve, sur le débat oral et la liberté de la défense.

Notre Code aurait dû être appelé Code de procédure pénale. Quoi qu'il en soit, il contient des dispositions préliminaires, et deux livres, dont le premier est intitulé : *De la Police judiciaire et des officiers de police qui l'exercent,* et le second : *De la Justice.* Le premier livre a pour objet l'instruction préparatoire, c'est-à-dire les actes de recherche et de constatation. Le second a pour objet la poursuite et la procédure à suivre afin d'obtenir devant les tribunaux, c'est-à-dire devant les juridictions de jugement, la répression des délits.

Nous suivrons pour le Code d'instruction criminelle, comme pour le Code pénal, l'ordre des matières traitées par le législateur, en ne présentant, toutefois, que des vues d'ensemble sur celles qui ne sont pas principalement utiles à l'examen.

DISPOSITIONS PRÉLIMINAIRES

(Art. 1 à 7, C. I. cr.)

Les dispositions préliminaires sont relatives :
1° à l'action publique et à l'action civile ; 2° aux
cas dans lesquels les tribunaux français peuvent
être appelés à connaître des délits commis en pays
étranger. Nous traiterons ces deux matières importantes dans deux chapitres distincts.

———

11.

CHAPITRE PREMIER

De l'action publique et de l'action civile.

Le délit peut engendrer deux droits : 1° celui d'infliger une punition au coupable, et 2° celui d'obtenir réparation du préjudice causé.

Le premier appartient à la société ; il fait l'objet de l'action *publique* qui est exercée par le ministère public et par certaines administrations. — Le second appartient à la partie lésée ; il fait l'objet de l'action *civile* qui est exercée par la personne qui a souffert un dommage par suite du délit.

C'est à tort que l'article 1er du Code d'instruction criminelle a interverti les expressions du Code de brumaire an IV en décidant que l'action publique *appartient* aux fonctionnaires auxquels elle est confiée et que l'action civile peut être *exercée* par ceux qui ont souffert un dommage. L'action publique *appartient* à la société et les fonctionnaires ne font que l'*exercer* en qualité de mandataires de la société. Au contraire, l'action civile est la *propriété* de la partie lésée qui l'exerce directement en son propre nom. La conséquence de cette observation, c'est que les fonctionnaires n'ont pas le droit de disposer de l'action publique, tandis que la partie lésée est libre d'aliéner son action civile, à titre onéreux ou gratuit, comme tout droit de propriété ou de créance.

Le lien intime qui unit l'action publique et l'action civile nous engage à traiter en même temps de l'une et de l'autre. Nous prendrons néanmoins pour base de nos explications tout ce qui concerne l'action publique.

— En général, l'action publique s'exerce sans entraves pour aboutir à la solution du procès devant les tribunaux de répression. Dans ce cas, elle a suivi son cours normal; elle se trouve, par conséquent, *épuisée,* et l'autorité de la chose jugée protége le résultat acquis et empêche l'action de pouvoir être renouvelée, conformément à la maxime *non bis in idem ;* mais il peut arriver que l'action publique soit subordonnée, quant à son existence, à la réalisation d'une certaine condition; ou qu'elle soit suspendue, quant à son exercice, par certains événements, ou qu'enfin elle vienne à s'éteindre par des causes particulières avant d'avoir accompli sa destination et atteint son but. Ce sont ces situations particulières que nous examinerons, en indiquant accessoirement quel est, dans ces divers cas, le sort réservé à l'action civile.

SECTION PREMIÈRE

Conditions d'existence ou d'ouverture de l'action publique.

L'action publique a son germe, en quelque sorte sa conception, dans le délit ; mais sa naissance, sa mise en mouvement, est dans des cas assez nombreux, soumise à certaines conditions. Nous en indiquons sommairement les principaux.

D'après l'article 75 de la Constitution de l'an VIII, les agents du gouvernement, autres que les ministres, ne peuvent être poursuivis, pour des faits relatifs à leurs fonctions, qu'en vertu d'une décision du conseil d'État. Cette nécessité de l'autorisation du conseil d'État est exigée aussi bien pour les poursuites civiles que pour les poursuites pénales. — Quant aux ministres, ils ne peuvent être, à l'occasion de leurs fonctions ministérielles, mis en accusation que par le Sénat pour être, au besoin, renvoyés devant une haute cour de justice.

D'après l'article 6 du sénatus-consulte du 4 juin 1858, aucun membre du Sénat ne peut être arrêté (sauf le cas de crime flagrant), ni, en tout cas, poursuivi qu'après une autorisation du Sénat : pour crime, délit, ou pour contravention, entraînant la peine de l'emprisonnement, si ce n'est pour faits relatifs au service militaire.

Aux termes des articles 326 et 327 du C. N., l'action contre un délit de suppression d'état ne peut commencer qu'après le jugement définitif sur la question d'état. Il s'agit de la suppression de l'état de filiation. La question d'état dont les tribunaux civils sont seuls compétents n'est pas, comme on le dit ordinairement, une question préjudicielle dont la solution devrait simplement précéder le jugement pénal; cette question, tant qu'elle n'est pas résolue par les tribunaux civils, rend non recevable l'action publique elle-même. Du reste, c'est à tort qu'on a subordonné, dans ce cas, l'action publique à la solution du procès civil. Les tribunaux de répression n'auraient toujours pu admettre la preuve de l'état de filiation qu'en se conformant aux règles du droit civil.

Lorsqu'un Français s'est rendu coupable, en

pays étranger, d'un *crime* ou même d'un *délit,* depuis la nouvelle loi de 1866, il ne peut être en principe poursuivi en France qu'autant qu'il y est de retour. Quant à l'étranger qui se serait rendu coupable en pays étranger de certains crimes prévus par l'article 7, il ne peut être poursuivi qu'autant qu'il est arrêté en France ou que le gouvernement en obtient l'extradition (art. 5 à 7, C. I. cr., d'après la nouvelle loi du 27 juin 1866.)

Dans d'autres cas, une *plainte* préalable de la partie lésée est exigée pour donner ouverture à l'action publique. Il en est ainsi, notamment : en cas d'adultère (art. 336 et 339, C. P.), de rapt d'une fille mineure que le ravisseur a épousée. Dans ce dernier cas, le ravisseur ne peut être poursuivi qu'après l'annulation du mariage et sur la plainte des personnes intéressées (art. 357, C. P.). — En cas d'injures ou diffamations contre les particuliers ou certaines autres personnes publiques (L. du 26 mai 1819, art. 5, 15 à 19.), ou d'outrage fait publiquement aux membres de nos assemblées, aux fonctionnaires publics, aux ministres d'un culte ou à des témoins, à raison de leurs fonctions ou de leur qualité. (L. du 25 mars 1822, art. 6.) — De même, en cas de chasse sur le terrain d'autrui, pourvu que le délit de chasse n'ait pas été commis dans un terrain clos et attenant à

une habitation ou sur des terres non encore dé-
pouillées de leurs fruits, circonstances qui donne-
raient directement ouverture à l'action publique.
(L. du 3 mai 1844, art. 26.) — Il en est ainsi encore en matière de brevets d'invention. (L. du 5
juillet 1844, art. 45.) Enfin, depuis la nouvelle loi
de 1866 sur les crimes et délits commis en pays
étranger, le Français qui s'est rendu coupable,
en pays étranger, d'un simple délit, contre un particulier français ou étranger, ne peut être poursuivi par le ministère public qu'après une plainte
de la partie lésée ou une dénonciation officielle
de l'autorité étrangère.

SECTION II

Des cas où l'exercice de l'action publique ou civile est suspendu.

I. *Suspension de l'action publique.*

L'action publique, lorsqu'elle a pris naissance,
peut se trouver paralysée dans sa marche, arrêtée
dans son exercice par deux causes : la démence
et la qualité de membre du Corps législatif.

Démence de l'inculpé, du prévenu ou de l'accusé.

Cet obstacle à l'exercice de l'action publique n'est pas textuellement écrit dans nos lois ; mais il résulte des principes mêmes de la liberté de la défense. A quelque moment que la démence survienne, l'action publique doit s'arrêter, sauf à reprendre son cours lorsque la démence aura disparu.

Il est bien entendu qu'il s'agit d'une démence survenue après le délit ; car s'il y avait eu démence au moment même de l'action, il ne serait pas même question de l'action publique, puisqu'il n'y aurait pas d'imputabilité.

Qualité de membre du Corps législatif.

Cette qualité met obstacle à l'exercice de l'action publique pendant la session. D'après l'article 11 du décret du 2 février 1852, qui ne fait que reproduire un principe consacré constamment depuis la Constitution de 1791, « aucun membre du « Corps législatif ne peut, pendant la durée de la « session, être poursuivi ni arrêté en matière « criminelle, sauf le cas de flagrant délit, qu'a-

« près que le Corps législatif a autorisé la pour-
« suite. » Il est à remarquer que la qualité de
membre du Corps législatif n'a pas la même
influence sur l'action publique que celle de
membre du Sénat. La qualité de député est un
obstacle temporaire à l'exercice de l'action publique; cet obstacle n'existe que pendant la durée de
la session; celle de sénateur constitue un véritable
privilége permanent et à vie comme la dignité de
sénateur elle-même, et ce privilége tient conti-
nuellement en suspens l'ouverture de l'action publique. L'autorisation du Corps législatif permet à
l'action publique de s'exercer pendant la session;
celle du Sénat rend désormais possible l'action
publique elle-même. En outre, les termes du décret du 2 février 1852 : *matière criminelle, flagrant
délit,* ne sont pas aussi explicites que ceux du sénatus-consulte du 4 juin 1858, qui parlent de *crime,
délit* ou de *contravention* pouvant entraîner *l'emprisonnement,* et de *crime flagrant.* C'est une question qui peut être controversée que celle de savoir
si les mots : *matière criminelle* répondent aux expressions crime, délit ou contravention entraînant
emprisonnement. Nous serions disposé à croire,
malgré l'opinion contraire de M. Ortolan, que les
mots matière criminelle n'ont en vue que les crimes, d'autant plus que les autres expressions :

12

excepté en cas de *flagrant délit,* se rapportent aux crimes, d'après les articles 32, 40 et 106, C. I. cr.

II. *Suspension de l'action civile.*

Les deux causes que nous venons d'examiner auront-elles également pour effet de suspendre l'exercice de l'action civile? A cet égard, il faut savoir que, d'après l'article 3 du Code d'instruction criminelle, l'action civile peut être poursuivie en même temps et devant les mêmes juges que l'action publique, ou être intentée séparément et portée devant les tribunaux civils. Dans ce dernier cas, l'exercice en est suspendu tant qu'il n'a pas été prononcé définitivement sur l'action publique intentée avant ou pendant la poursuite de l'action civile; c'est ce qu'on exprime quelquefois en disant : *Que le criminel tient le civil en état.*

En distinguant ces deux situations, nous dirons :

Si l'action civile a été portée devant les mêmes juges que l'action publique, la démence et la qualité de député qui suspendront l'action publique suspendront également l'action civile; celle-ci se rattache à celle-là et doit marcher avec elle. Si l'action civile a été portée devant le tribunal civil sans que l'action publique soit elle-même intentée, le tribunal civil pourra parfaitement statuer malgré la démence ou la qualité de député du défendeur. Mais si l'action publique avait été intentée auparavant ou si elle venait à être intentée pendant l'instance civile, celle-ci se trouvant tenue en suspens par l'instance pénale subirait les causes de retard que pourrait entraîner l'état de démence du prévenu ou sa qualité de député pendant la session. Il pourrait se faire ainsi qu'en cas de démence, la poursuite du ministère public tînt en échec l'action civile jusqu'à la mort ou la guérison du prévenu.

SECTION III

De l'extinction des droits d'action publique ou d'action civile.

I. *Extinction de l'action publique.*

L'action *publique* s'éteint, par trois grands événements : la mort du prévenu ou accusé, la prescription, la remise ou abandon de l'action.

Mort du prévenu ou accusé

Nous ne connaissons plus les procès de l'ancien droit qui, dans certains cas, étaient faits au cadavre ou à la mémoire. D'après l'article 2 du Code d'instruction criminelle, l'action publique, pour l'application de la peine, s'éteint par la mort du prévenu.

Ce mode d'extinction ne s'applique qu'à la personne décédée. Par conséquent, l'action publique continue d'exister contre les codélinquants ou les complices. Par exception, on décide généralement que la mort de la femme adultère éteint également l'action contre le complice.

La mort éteint l'action publique pour l'application de toute peine ; néanmoins, plusieurs articles de notre Code pénal permettent la confiscation de certains objets après le décès : par exemple, le gibier transporté ou colporté en temps prohibé, les filets, engins et instruments prohibés en matière de chasse (L. du 5 mai 1844, art. 12 et 16).

Prescription (art. 2, 627, 638 et 640, C. I. cr.).

La prescription, en matière pénale, n'est jamais qu'une prescription libératoire. Il s'agit pour le coupable de se libérer de l'action publique ou, comme nous le verrons plus tard, quand il a été jugé et condamné, de se libérer de la peine.

Le principe de l'extinction de l'action publique par la prescription se trouve posé dans l'article 2,

C. I. cr.; les règles et les conditions de cette prescription sont déterminées par les art. 637, 638 et 640, C. I. cr.

Motifs sur lesquels elle est fondée. — La prescription de l'action publique se justifie par plusieurs raisons : 1° après un certain temps, le souvenir du délit est effacé, le besoin de l'exemple a disparu ; l'utilité sociale, un des fondements du droit de punir, n'existe plus ; l'action publique doit être éteinte ; 2° si l'on permettait après un long temps de poursuivre la punition d'un délit, ce serait souvent mettre le prévenu ou l'accusé dans l'impossibilité de se défendre ou de se justifier, car les éléments de preuve pourraient avoir disparu ou être considérablement amoindris. De ces deux raisons, la première est seule déterminante ; l'autre n'est qu'une considération accessoire qui vient s'y ajouter. En effet, quand même les preuves seraient parfaitement conservées, la prescription de l'action publique se trouverait accomplie, le temps n'en aurait pas moins achevé son œuvre.

Délai pour la prescription. — Il résulte des articles 637, 638 et 640, que nous avons indiqués déjà, que la prescription a lieu par *dix ans* pour les crimes, par *trois ans* pour les délits et par *un an* pour les contraventions, à compter du jour de l'infraction. Une première difficulté se présente : c'est celle de savoir si, pour la détermination de ce délai, il faut s'attacher à la qualification des faits telle qu'elle résulte de la poursuite, ou si, au contraire, il faut s'attacher à la gravité des faits telle qu'elle sera reconnue par les débats. Il est certain qu'il ne peut dépendre du ministère public, en un mot, de l'accusation, de donner au délit un caractère de gravité qu'il n'a pas pour le soustraire à la prescription. C'est de la preuve des éléments qui constituent le délit et le caractérisent légalement que dépendra la nature du fait. S'il est démontré que le meurtre dont un homme était accusé n'est plus qu'un homicide par imprudence, ou que le vol qualifié qui constituait un crime n'est plus qu'un simple délit, parce que les circonstances aggravantes ont été écartées, nul doute qu'il n'y ait lieu, dans ces deux cas, à la prescription de trois ans et non de dix ans. Mais les causes d'aggravation ou d'atténuation qui ne tiennent qu'à la culpabilité individuelle, telles que la récidive ou la déclaration de circonstances atténuantes, ne doivent avoir aucune influence sur la durée de la prescription. Le texte des articles 637 et 638, C. I. cr., semble parfaitement conçu dans cet esprit : « L'action résultant d'un crime de *nature* à entraîner une peine afflictive ou infamante, » dit l'article 637 ; « s'il s'agit d'un délit de *nature* à être puni correctionnellement, » porte l'article 638. C'est donc à la nature, c'est-à-dire à la qualification légale du fait reconnu par les juges ou les jurés, qu'il faut s'attacher pour l'application des règles relatives à la prescription.

Une seconde difficulté est celle de savoir si l'on doit compter pour l'accomplissement de la prescription le jour même où le délit a été commis, ou si la mesure de la durée de la prescription ne doit prendre son point de départ qu'à l'expiration de ce jour. C'est un point très-controversé. M. Ortolan soutient avec une grande force de logique que le jour du délit ne doit pas compter. Ce jour, en effet, appartient tout entier au délit ; ce ne peut pas encore être le jour où commence la libération. En disant que la prescription a lieu par un certain temps *à compter du jour du délit,* le Code d'instruction criminelle a voulu simplement déroger à la législation précédente, qui ne fixait le point de départ de la prescription qu'à dater du jour où l'existence du délit aurait été connue ou légalement constatée. En tout cas, nul doute que la prescription ne soit acquise qu'à l'expiration du dernier jour du délai.

Nous savons que, pour le délit continu ou successif, qui n'est qu'un délit unique et prolongé, le point de départ de la prescription est le jour où le dernier acte a pris fin; que, pour le délit collectif ou d'habitude, aucun des faits qui servent à le composer n'est susceptible isolément d'une prescription.

Il y a des cas exceptionnels auxquels fait allusion l'article 643, C. I. cr., où la durée et même quelquefois le point de départ de la prescription ne sont pas ceux dont nous venons de parler. Nous citerons les délits en matière de chasse, pour lesquels l'action est prescrite par le laps de trois mois à compter du jour du délit (art. 29, loi du 3 mai 1844); les délits et contraventions en matière forestière, pour lesquels la prescription est de trois mois ou de six mois à compter du jour où les délits et contraventions ont été constatés (art. 185 du Code forestier); les crimes ou délits relatifs aux opérations électorales, qui se prescrivent par trois mois du jour de la promulgation du résultat de l'élection (art. 50 du décret organique du 2 février 1852).

Interruption de la prescription. — En ce qui concerne l'interruption de la prescription de l'action publique, il faut distinguer les crimes et les délits, d'une part, et les contraventions de police, d'autre part.

Pour les crimes ou les délits, l'action publique

est interrompue non-seulement par un acte de *poursuite* tendant à déférer le prévenu ou l'accusé devant les tribunaux de répression, mais même par tout acte d'*instruction* ayant pour objet la recherche ou la constatation du crime ou du délit : par exemple, un transport sur les lieux, une perquisition, une saisie d'objets, un interrogatoire de témoins, une exhumation, etc. Il est même à remarquer que ces divers actes d'instruction ou de poursuite, à la différence de ce qui a lieu en matière civile, interrompent la prescription non-seulement quand ils sont dirigés contre l'auteur du crime ou du délit, mais même quand ils sont dirigés contre un innocent. L'instruction se fait, en quelque sorte, *in rem*. Ces actes suffisent, en effet, à réveiller le souvenir du méfait et à faire renaître le besoin de l'exemple.

Pour les contraventions de simple police, en raison de ce qu'elles offrent peu de gravité, que leur souvenir et le besoin de l'exemple ont plus tôt disparu, le Code exige que le *jugement* ait été rendu dans l'année. Il en résulte que les actes d'instruction ou de poursuite n'interrompent pas la prescription de l'action publique.

— Les caractères et les règles de la prescription de l'action publique étant connus, nous pouvons signaler les différences importantes qui la séparent

12.

de la prescription ordinaire du Code Napoléon:
1° En matière pénale, la prescription de l'action
s'accomplit par dix ans, trois ans ou un an; en
matière ordinaire, la prescription est, en général,
de trente ans; 2° la prescription de l'action en
matière pénale est d'ordre public; elle peut être
invoquée en tout état de cause, sans qu'on puisse
opposer au prévenu ou à l'accusé une renonciation, et les juges doivent même d'office l'appliquer. — En matière ordinaire, et sauf ce que
nous dirons plus tard de l'action civile, la prescription peut, il est vrai, être invoquée en tout état
de cause, mais pourvu que le plaideur n'y ait pas
renoncé, et elle doit formellement être invoquée
par lui; les juges ne pourraient d'office suppléer
ce moyen (art. 2223, C. N.); 3° aucune cause de
suspension de la prescription de l'action publique
n'est indiquée par le Code d'instruction criminelle; — au contraire, le Code Napoléon énumère
plusieurs causes de suspension de la prescription
(art. 2251 à 2259, C. N.); 4° en droit pénal, la
prescription est interrompue non-seulement par
un acte de poursuite, mais par tout acte d'instruction, même dirigé contre celui qui n'est pas l'auteur du délit. — En droit civil, la prescription est
interrompue seulement par une citation en justice
ou par d'autres actes limitativement déterminés

(commandement, saisie, reconnaissance), et les actes d'interruption doivent être dirigés contre celui qui est en voie de prescrire (art. 2242 à 2248, C. N.).

Remise ou abandon de l'action publique.

Le dernier mode d'extinction de l'action publique consiste dans la remise ou renonciation qui en est faite (1).

Cette remise ou abandon du droit d'action peut résulter :

1° D'une *amnistie*. Le chef de l'État, d'après le sénatus-consulte du 25 décembre 1852, a le droit d'accorder une *amnistie*. L'amnistie est la mise en oubli des faits ; nous verrons qu'elle peut s'étendre à la peine prononcée aussi bien qu'à l'action publique et aux poursuites intentées. L'amnistie est une concession générale qui s'applique plus aux faits qu'aux individus ;

2° D'une *transaction*. Certaines administrations,

_____

(1) Il ne faut pas confondre l'abandon du droit d'action avec l'abandon de l'accusation que fait, dans certains cas, le ministère public. Quand on dit que le ministère public abandonne l'accusation, cela signifie qu'il conclut à un acquittement ou à une absolution, mais il ne renonce pas à l'action publique qui ne lui appartient pas et dont l'exercice seulement lui est confié. Malgré l'abandon de l'accusation, un jugement doit être rendu et il serait possible que le jugement prononçât une condamnation.

celles des contributions indirectes, des douanes, des postes et des forêts, ont reçu un pouvoir plus ou moins étendu de transiger et de renoncer à l'action publique pour les divers délits relatifs à leurs intérêts ;

3° D'un *désistement*. Nous savons qu'en cas d'adultère, une plainte de l'époux offensé est nécessaire pour faire naître l'action publique. De ce que l'article 337, C. P., accorde au mari la faculté d'arrêter l'effet d'une condamnation en consentant a reprendre sa femme, on en a conclu, *à fortiori,* que le désistement de la plainte du mari devait également mettre fin au procès et éteindre l'action publique. La loi, par une bizarrerie assez inexplicable, n'ayant rien dit de la femme, on décide qu'un tel pouvoir accordé au mari ne saurait être reconnu à la femme. — Du reste, cet effet particulier du désistement du mari, en cas d'adultère, ne doit pas être étendu aux autres cas où une plainte est nécessaire pour donner naissance à l'action publique. Une fois la plainte formée, le droit d'action publique est né ; il ne dépend plus de la volonté des intéressés d'en paralyser l'exercice.

II. *Extinction de l'action civile.*

Des trois causes qui éteignent l'action publique,

la prescription seule exerce son influence sur l'action civile.

Le *décès* du prévenu ne laisse pas de prise à l'application de la peine, mais son patrimoine répond des dommages-intérêts qu'il peut devoir. Si la peine est personnelle, l'obligation civile passe aux héritiers (art. 3, C. I. cr.); elle a pour gage les biens du débiteur (art. 2092, C. N.).

Les faits qui entraînent *l'abandon ou la remise* de l'action publique ne peuvent mettre obstacle au droit de la partie lésée, pas plus que la renonciation de celle-ci ne peut, en principe, arrêter ni suspendre l'action publique (art. 4, C. I. cr.).

En ce qui concerne la *prescription*, l'action civile suit le sort de l'action publique. Elle s'éteint avec elle par dix ans, trois ans et un an. Il n'y a pas à distinguer si l'action civile est portée devant le tribunal de répression ou devant le tribunal civil. Les motifs qui peuvent militer en faveur de cette assimilation de deux droits si distincts sont : 1° qu'après la prescription de l'action publique, la faculté d'exercer encore l'action civile réveillerait le souvenir du délit et pourrait produire ce résultat fâcheux, qui serait un échec à la justice pénale, de la constatation d'un délit que la société ne pourrait plus punir ; 2° que l'obligation pour la partie lésée d'agir dans le délai de l'action publique est un puissant stimulant pour l'engager à venir en aide à l'action publique et à la provoquer par une sorte de devoir social qu'on a voulu associer à l'intérêt privé.

Nos explications sur l'action publique et l'action civile sont terminées. Nous croyons devoir les résumer en indiquant sommairement les cas dans lesquels ces actions se trouvent unies ou séparées entre elles.

Points de contact. — 1° L'action publique est portée devant les tribunaux de répression ; — l'action civile peut être portée devant les mêmes juges que l'action publique, ou séparément devant les tribunaux civils ; mais, dans ce dernier cas, l'exercice en est suspendu tant qu'il n'a pas été prononcé définitivement sur l'action publique ; — 2° quand il s'agit de poursuites à exercer contre les agents du gouvernement pour faits relatifs à leurs fonctions, l'action publique et l'action civile sont toutes deux subordonnées à l'autorisation du conseil d'État ; — 3° l'action publique et l'action civile se prescrivent l'une et l'autre par le même laps de temps : dix ans, trois ans, un an, suivant qu'il s'agit de crimes, de délits ou de contraventions.

Points de séparation. — 1° L'action publique tend à l'application d'une peine ; — l'action civile tend à la réparation du préjudice causé ; — 2° la première appartient à la société, qui en délègue l'exercice au ministère public et à certaines administrations ; — l'action civile appartient à la partie lésée, qui l'exerce en son propre nom ; — 3° l'action publique est quelquefois subordonnée, soit à un retour sur le territoire, soit à une extradition, soit à une plainte de la partie lésée (voir notamment les art. 5 et 7, C. I. cr.) ; — l'action civile n'est soumise à aucune de ces conditions ; — 4° l'action publique est suspendue par l'état de démence survenu depuis le délit, ou, pendant la session du Corps législatif, par la qualité de député ; — l'action civile, tant qu'elle ne se rattachera pas à l'action publique, ne sera pas suspendue par l'une de ces deux causes ; — 5° l'action publique s'éteint par la mort du prévenu ou par la remise qui peut en être faite ; — l'action civile peut se poursuivre contre les héritiers du défunt ; et de même que la renonciation à l'action civile ne peut arrêter ni suspendre l'exercice de l'action publique, de même la renonciation à cette dernière ne peut être un obstacle à l'exercice de l'action civile.

CHAPITRE II

Des cas dans lesquels les tribunaux français peuvent être appelés à connaître des délits commis en pays étranger.

(Art. 5 à 7, C. I. cr.)

La circonstance que le délit a été commis sur le territoire national ou sur le territoire étranger exerce une grande influence, soit quant à la pénalité, soit quant à la juridiction.

Nous examinerons séparément l'hypothèse où le délit a été commis sur le territoire français et celle où il a été commis sur le territoire étranger.

— *Première hypothèse.* — *Délit commis sur le territoire français.* — La règle à suivre, dans cette hypothèse, est très-simple. L'État français, sur le territoire duquel le délit a eu lieu a le droit de punir et d'appliquer la peine que son législateur a édictée. Il n'y a pas à distinguer si l'agent ou le patient du délit est national ou étranger ; si le fait constitue un crime, un délit de police correctionnelle ou une contravention de simple police. En effet, l'art. 3 du Code Napoléon dispose « *que les lois de police et de sûreté obligent tous ceux qui habitent le territoire.* » C'est en sens qu'on peut dire que la loi pénale est territoriale, c'est-à-dire qu'elle s'applique aux faits qui se sont passés sur le territoire, indépendamment de la qualité des personnes.

— *Deuxième hypothèse.* — *Délits commis hors du territoire.* — Le Code d'instruction criminelle, dominé par le principe de la territorialité de la loi pénale, n'avait admis qu'exceptionnellement, dans cette hypothèse, le droit d'appliquer notre loi pénale. Nous étudierons d'abord les dispositions de notre Code à cet égard et nous signalerons ensuite les innovations apportées par la loi du 27 juin 1866.

Ancien texte du Code. — D'après le Code *d'instruction criminelle*, pour savoir si le délit commis en pays étranger était punissable en France, il fallait d'abord distinguer si le délit était dirigé contre l'*État français* ou s'il avait été commis contre un *particulier.*

— Si le délit était dirigé contre l'*État*, pour qu'il fût punissable en France, il fallait qu'il cons-

tituât l'un des *crimes* suivants : 1° attentat à la sûreté de l'État ; 2° contrefaçon du sceau de l'État,
de monnaies nationales ayant cours, de papiers
nationaux, de billets de banque autorisés par la
loi.

Le Français coupable d'un de ces crimes pouvait
être jugé en France et puni d'après la loi française, *même par contumace* (art. 5, C. I. cr.,
ancien texte).

L'étranger ne pouvait répondre de ces crimes
devant les tribunaux français qu'autant qu'il était
arrêté en France ou que le gouvernement en
obtenait l'extradition (art. 6, C. I. cr., ancien
texte).

— Si le délit avait été commis contre un *particulier,* il fallait encore distinguer si le coupable
était Français ou s'il était étranger.

Le Français n'était punissable en France qu'aux
conditions suivantes :

1° Que le fait constituât un *crime ;*

2° Que le crime eût été commis contre un *Français ;*

3° Que le coupable fût de *retour* en France ;

4° Que le Français offensé portât *plainte ;*

5° Que le coupable *n'eût pas été déjà poursuivi
et jugé* en pays étranger.

L'étranger n'était pas punissable en France. Le

gouvernement avait simplement le droit de l'expulser du territoire français par mesure de police et de le livrer au gouvernement étranger.

— Ces nombreuses restrictions apportées au droit de punir en France des délits commis en pays étranger amenaient des conséquences bizarres.

Ainsi un Anglais assassinait à Londres un Français; le coupable se réfugiait en France; les tribunaux français ne pouvaient le punir, car il était étranger; — un Français volait à Londres un de ses compatriotes, le voleur et la victime revenaient en France; le coupable ne pouvait être poursuivi pénalement, car il s'agissait seulement d'un délit de police correctionnelle, la victime ne pouvait qu'intenter une action civile en restitution des objets volés; — un Français assassinait à Londres un Anglais, se sauvait en France; il ne pouvait y être puni, car la victime était un étranger; il ne pouvait pas même être question, dans ce cas, d'une extradition, car un gouvernement ne livre pas son national, ni d'une expulsion du territoire, car cette mesure de police ne peut s'appliquer qu'à un étranger; — enfin un Français assassinait à Londres un de ses compatriotes; il rentrait dans son pays et moyennant une somme d'argent il achetait le silence des héritiers de sa victime qui s'abstenaient de porter plainte : il n'avait rien à redouter de la justice française.

Depuis longtemps on avait signalé les inconvénients de cette législation. Un projet de loi avait été présenté en 1842, pour donner plus d'efficacité à notre loi pénale. Il fut voté par la Chambre des députés, mais rejeté par la Chambre des pairs. En 1847, la Faculté de droit de Paris, consultée sur cette question, avait, sur le rapport de M. Ortolan, présenté des observations dans le sens d'une réforme. En 1852, un nouveau projet de loi voté par le Corps législatif fut retiré avant la décision du Sénat.

Nouvelle loi. — La loi du 27 juin 1866 est enfin venue donner satisfaction aux reproches dirigés contre notre Code d'instruction criminelle.

Cette loi abolit les art. 5, 6 et 7 de ce Code relatifs aux délits commis hors du territoire et elle les remplace par de nouvelles dispositions.

D'après cette loi, pour savoir si le délit commis à l'étranger est punissable en France, il faut distinguer tout d'abord si le coupable est un *Français* ou un *étranger.*

S'il s'agit d'un *Français*, il peut être poursuivi et jugé en France :

1° Pour un *crime quelconque* puni par la loi française. Il n'y a pas à distinguer si le crime est commis contre l'État ou contre un particulier, contre un Français ou contre un étranger. En outre, il n'est pas nécessaire que le particulier offensé porte plainte contre le coupable. Le seul intérêt qui ait été conservé à la distinction entre les crimes contre l'État que nous avons indiqués plus haut et les autres crimes, c'est que pour les premiers le Français peut être jugé même par contumace, tandis que pour les autres il est toujours nécessaire qu'il soit de retour en France;

2° Pour un fait qualifié *délit* par la loi française, pourvu que le fait soit également puni par la législation du pays où il a été commis. C'est là une des plus importantes innovations de la loi de 1866. Elle a étendu l'application de notre loi pénale et l'autorité de nos juridictions aux simples délits de police correctionnelle commis à l'étranger ; mais elle ne l'a fait que sous certaines restrictions. Pour que le délit soit punissable en France, il faut d'abord qu'il soit puni par la législation du pays où il a été commis ; en outre, s'il s'agit d'un délit contre un *particulier,* Français ou étranger, la poursuite ne peut avoir lieu, en France, que sous la double condition : 1° qu'elle sera exercée à la requête du ministère public, de telle sorte qu'une citation directe de la partie lésée ne suffirait pas ; 2° qu'elle aura été précédée d'une plainte de la partie offensée ou d'une dénonciation officielle à l'autorité française par l'autorité du pays où le délit a été commis; enfin, pour la poursuite de ces délits, la nouvelle loi maintient, *à fortiori*, la condition du retour en France de l'inculpé (art. 5, C. I. cr., d'après la nouvelle loi.);

3° Pour des délits et des contraventions en matière forestière, rurale, de pêche, de douanes ou de contributions indirectes. En autorisant en France la répression, d'après la loi française, de certaines infractions spéciales commises sur le territoire d'États limitrophes, la loi nouvelle a eu pour but d'arrêter les déprédations et les dommages qui ont lieu journellement sur nos frontières et y entretiennent des habitudes de rapines et de violences. Toutefois, la poursuite est subordonnée à une condition de réciprocité. Il faut que l'État étranger autorise également la poursuite de ses nationaux pour les mêmes faits commis en France. La réciprocité se constate par des conventions internationales ou par un décret publié au *Bulletin des lois* (art. 2 de la nouvelle loi).

— Dans tous les cas, la nouvelle loi maintient le principe du respect de la chose jugée. Aucune poursuite ne peut avoir lieu en France si le Français prouve qu'il a été jugé définitivement à l'étranger.

—S'il s'agit d'un *étranger* ayant commis des délits hors de notre territoire, il reste soumis aux dispositions du Code d'instruction criminelle, que la nouvelle loi n'a fait que reproduire. Cet étranger n'est punissable en France que pour les crimes contre l'État, dont nous avons parlé, et seulement s'il est arrêté en France ou si le gouvernement en obtient l'extradition (art. 7, C. I. cr., d'après la nouvelle loi).

En résumé, relativement à l'hypothèse des délits commis en pays étranger, en comparant l'ancien texte du Code et la loi nouvelle de 1866, qui l'a modifié, nous ferons ressortir les différences suivantes :

1° D'après le Code d'instruction criminelle, le Français ne pouvait être poursuivi et jugé en France pour un fait par lui commis en pays étranger qu'autant que ce fait constituait un crime. — D'après la nouvelle loi, il peut être poursuivi, non-seulement pour un crime, mais même pour un délit de police correctionnelle ;

2° D'après le Code d'instruction criminelle, le Français ne pouvait être poursuivi pour un crime qu'autant qu'il avait été commis contre un Français. — D'après la nouvelle loi, il n'y a pas à distinguer la nationalité de la victime : ni pour crime ni pour délit ;

3° D'après le Code d'instruction criminelle, la poursuite pour un crime contre un Français était subordonnée à une plainte de la partie lésée. —D'après la nouvelle loi, la condition d'une plainte n'est plus exigée en matière de crime; ce n'est que pour le délit de police correctionnelle commis contre un particulier français ou étranger que le texte actuel de l'article 5 exige une plainte de la partie offensée, ou une dénonciation officielle à l'autorité française par l'autorité du pays étranger.

La condition du retour en France est maintenue par la loi nouvelle dans tous les cas, sauf l'exception, existant déjà dans l'ancien texte, relativement à certains crimes contre l'État. Le principe de l'autorité de la chose jugée en pays étranger est également respecté. Les cas et les conditions dans lesquels l'étranger était punissable sont maintenus; il faut qu'il s'agisse de certains crimes contre l'État et que l'étranger soit arrêté en France ou que le gouvernement en obtienne l'extradition;

4° Enfin la loi nouvelle permet, sans autre condition que celle de la réciprocité d'État à État, la poursuite de délits et contraventions en matière forestière, rurale, de pêche, de douanes et de contributions indirectes.

LIVRE PREMIER

De la police judiciaire et des officiers de police qui l'exercent.

(Art. 8 à 136, C. I. cr.)

On distingue la police *administrative* ou *préventive* et la police *judiciaire* ou *répressive*. La première a pour but de prévenir, c'est-à-dire d'empêcher les délits; la seconde a pour but, lorsqu'un délit a été commis malgré la vigilance de la première, de rechercher ce délit, de le constater, afin qu'il puisse être soumis aux tribunaux chargés de le réprimer, en prononçant la peine qui doit en être la conséquence et la sanction.

Le livre premier du Code d'instruction criminelle s'occupe des fonctions de la police judiciaire et des

13

personnes chargées de les exercer sous le nom d'officiers de police judiciaire.

Le livre deuxième, intitulé : *De la Justice ;* s'occupe principalement de la mission confiée aux tribunaux de répression d'examiner les éléments de preuve, de les discuter, afin de statuer définitivement sur le délit.

La police judiciaire sert ainsi à mettre la justice en état de se prononcer sur le délit reproché à l'agent. Elle est chargée d'opérations préliminaires et préalables, destinées à instruire et à éclairer le juge, qui doit faire l'application des règles du droit pénal. C'est pour cela qu'on appelle l'objet de sa mission : *l'instruction préparatoire ou préalable.*

Le but en est parfaitement défini dans l'art. 8, C. I. cr. : « La police judiciaire recherche les « crimes, les délits et les contraventions, en ras-« semble les preuves et en livre les auteurs aux « tribunaux chargés de les punir. »

Caractère général et emploi de l'instruction préparatoire. — Le caractère de cette procédure préliminaire, c'est d'être secrète, sur pièces écrites, sans débats et sans défense contradictoire. C'est la procédure inquisitoriale de notre ancienne jurisprudence. — Nous verrons, au contraire, que devant les juridictions de jugement, c'est-à-dire devant les tribunaux de répression, l'instruction définitive du procès se fait à l'audience, avec débat oral, public et contradictoire. C'est le système accusatoire avec liberté de la défense.

L'instruction préparatoire, suivie d'une décision qui déterminera quelle doit en être l'issue, est nécessaire en cas de crimes, facultative en cas de délits de police correctionnelle et non applicable en matière de contraventions de simple police.

— Nous diviserons les explications sur l'instruction préparatoire en trois chapitres, et nous examinerons le plus sommairement possible : 1° quels sont les officiers de police judiciaire et leurs diverses attributions; comment ces officiers peuvent être provoqués à exercer leur mission; 2° quels sont les actes qui font l'objet de l'instruction préparatoire et quels sont les moyens de sanction de leur accomplissement; 3° quelle peut être l'issue de cette procédure préalable.

CHAPITRE PREMIER

Des officiers de police judiciaire. — De leurs attributions respectives et des actes qui provoquent leur mission.

I. — DES OFFICIERS DE POLICE JUDICIAIRE ET DE LEURS ATTRIBUTIONS GÉNÉRALES.

D'après les art. 9 et 10, C. I. cr., les officiers de police judiciaire comprennent : les gardes champêtres et les gardes forestiers ; les commissaires de police, les maires et les adjoints des maires ; les procureurs impériaux et leurs substituts, les juges de paix, les officiers de gendarmerie, les commis-

saires généraux de police (1), les juges d'instruction, les préfets des départements et le préfet de
police à Paris.

Ces divers officiers n'ont pas les mêmes attributions ni la même étendue de pouvoir. Nous si-
gnalons entre eux les différences les plus importantes :

1° Au point de vue de la compétence territoriale. Les maires et leurs adjoints ne sont compétents que dans l'étendue de la commune où ils
exercent leurs fonctions ; les gardes champêtres et
les gardes forestiers sont compétents dans l'étendue
du territoire pour lequel ils ont été assermentés ;
les juges de paix et les commissaires de police
sont compétents dans leur canton ; le juge d'instruction et les procureurs impériaux ou leurs
substituts sont compétents dans le ressort de l'arrondissement ; les préfets de département sont
compétents dans toute l'étendue du département ;

2° Au point de vue de la nature de leurs fonctions. Les uns agissent tantôt en vertu d'une mis-

(1) Ces commissaires généraux n'existent plus. Un décret du
28 mars 1852 organise de nouveau les commissaires de police.
— Un décret du 17 janvier 1853 crée des commissaires de police
cantonaux. — Un autre décret du 5 mars 1854 autorise l'établissement de commissaires de police départementaux et supprime
les inspecteurs généraux et spéciaux de police.

13.

sion qui leur est propre, tantôt comme simples auxiliaires. Ainsi les commissaires de police, les maires et les adjoints agissent directement en vertu d'un pouvoir propre en matière de contraventions de police (art. 11, C. I. cr.). Au contraire, en matière de crimes et de délits, ils n'agissent qu'en qualité d'auxiliaires du procureur impérial (art. 48, C. I. cr.). — D'autres n'agissent jamais qu'en vertu d'une mission qui leur est personnelle, comme les gardes champêtres et forestiers, auxquels on peut ajouter certains agents des douanes, des contributions indirectes, des postes (art. 16). — D'autres, enfin, n'agissent jamais que comme officiers de police auxiliaires ; tels sont les juges de paix et les officiers de gendarmerie ;

3° Au point de vue de la généralité ou de la spécialité des cas dans lesquels ces divers officiers de police judiciaire interviennent. Les juges d'instruction, les préfets des départements et le préfet de police à Paris ont une compétence générale pour tous les crimes et délits. — Les procureurs impériaux ou leurs substituts et les officiers de police auxiliaires du procureur impérial ne peuvent faire des actes d'instruction que dans les cas de crimes flagrants ou autres qui leur sont assimilés. — Les gardes champêtres, les gardes forestiers, certains agents des douanes, des contributions indirectes et des postes ne peuvent faire des actes d'instruction que relativement aux délits ou aux contraventions dont la surveillance et la constatation leur sont spécialement confiés ;

4° Au point de vue de la force probante des procès-verbaux rédigés par ces officiers. Devant le jury de la cour d'assises ils ne servent jamais que de renseignements ; mais devant les tribunaux de police correctionnelle et les tribunaux de simple police, la règle générale est que ces procès-verbaux font foi jusqu'à preuve contraire ; mais quelques procès-verbaux d'agents spéciaux (gardes forestiers, agents des douanes, des contributions indirectes) font le plus souvent foi jusqu'à inscription de faux.

— La police judiciaire est exercée sous l'autorité des cours impériales (art. 9), et les officiers qui l'exercent sont sous la surveillance du procureur général (art. 279 à 282, C. I. cr.), à l'exception du préfet.

II. — DES MOYENS A L'AIDE DESQUELS L'AUTORITÉ EST INFORMÉE.

Les moyens à l'aide desquels l'autorité est informée d'une infraction à la loi pénale sont : le bruit public, les rapports et procès-verbaux des officiers de police ou agents, la dénonciation, la plainte et la constitution de partie civile.

Bruit public. — Nous n'avons rien à dire du bruit public. C'est un devoir pour les officiers de police judiciaire de rechercher les différentes infractions à la loi pénale qui peuvent mettre en alarme la population. Leur empressement à s'enquérir des faits qui préoccupent le public est un moyen de ramener le calme dans l'esprit des habitants et de leur donner de la sécurité.

Rapports. — Quant aux rapports et procès-verbaux des officiers de police ou agents, ils sont transmis à l'autorité chargée de faire des actes d'instruction ou de poursuite (art. 11, 15, 16, 18, 20, 53).

Dénonciation (art. 29 à 31, C. I. cr.). — La dénonciation est la déclaration faite à l'autorité compétente d'une infraction à la loi pénale. On distingue, conformément au Code du 3 brumaire an IV, la dénonciation officielle et la dénonciation privée ou civique. Plusieurs différences séparent ces deux espèces de dénonciation :

1° La dénonciation officielle est imposée à toute autorité constituée, à tout fonctionnaire ou officier public qui, dans l'exercice de ses fonctions, acquiert la connaissance d'un crime ou d'un délit (art. 29). — La dénonciation privée est imposée à toute personne qui a été témoin d'un attentat, soit contre la sûreté publique, soit contre la vie ou la propriété d'un individu (art. 30). Dans tout autre cas, la dénonciation est spontanée et facultative ;

2° La dénonciation officielle n'a d'autre sanction pour les fonctionnaires que la responsabilité disciplinaire de leur charge. — La dénonciation privée n'a aucune espèce de sanction depuis l'abrogation, en 1832, des articles 103 et suivants du Code pénal ;

3° Lorsqu'il y a eu acquittement devant la cour d'assises, l'accusé peut requérir du procureur général qu'il lui soit donné connaissance de ses dénonciateurs. Mais s'il peut obtenir directement des dommages-intérêts contre le simple particulier dénonciateur pour fait de calomnie, il ne peut poursuivre les fonctionnaires publics que par la prise à partie (art. 358) (1).

Plainte (art. 63 à 65, 69 et 70, C. I. cr.). — La

(1) Nous observerons qu'il y a des dénonciateurs récompensés pécuniairement par la loi. Leur témoignage ne peut être reçu en justice (art. 323, C. I. cr.). Il y a même des dénonciateurs qui ont l'avantage, lorsqu'ils se sont rendus coupables de certains crimes, d'obtenir par leur dénonciation l'impunité (art. 138, C. P.). C'est un des cas les plus remarquables d'excuses absolutoires.

plainte est la dénonciation qui émane de la partie lésée. Elle est soumise aux mêmes règles de forme que la dénonciation (art. 31 et 65). La plainte, ainsi que nous l'avons vu, est quelquefois nécessaire pour donner naissance à l'action publique. Par elle-même elle n'est, comme la dénonciation, qu'un moyen de porter un fait délictueux à la connaissance de l'autorité.

Constitution de partie civile (art. 66 à 68). — La constitution de partie civile est l'acte par lequel le plaignant demande une restitution ou des dommages-intérêts. Le plaignant ne se porte partie civile que par une déclaration formelle ou par des conclusions en dommages-intérêts. Cette constitution de partie civile peut être faite en tout état de cause jusqu'à la clôture des débats.

En matière de *simple police* ou de *police correctionnelle,* le plaignant qui se porte partie civile avant la poursuite du ministère public est tenu, à moins qu'il ne justifie de son indigence, de consigner préalablement le montant approximatif des frais ; et, soit qu'il *succombe ou non,* il est personnellement tenu des frais d'instruction, d'expédition et de signification des jugements, sauf son recours contre les prévenus condamnés ou contre les personnes civilement responsables (art. 157 et 160 du décret du 18 juin 1811).

En matière *criminelle,* la consignation préalable des frais n'est pas imposée à la partie civile ; et, d'après l'article 368 du Code d'instruction crimi- nelle révisé en 1832, ce n'est qu'au cas où la partie civile succomberait qu'elle pourrait être tenue des frais.

— Le plaignant qui s'est porté partie civile peut se désister dans les vingt-quatre heures. Dans ce cas, le plaignant n'est pas tenu des frais depuis qu'il a signifié son désistement ; mais, comme il peut se porter partie civile jusqu'à la clôture des débats, la loi décide que le désistement ne serait plus valable après le jugement rendu, quand même il serait donné dans les vingt-quatre heures (art. 67).

— Le juge d'instruction et le procureur impérial ainsi informés par une dénonciation, une plainte ou une constitution de partie civile, doivent-ils y donner suite et procéder aux actes qui rentrent dans leurs attributions respectives ? Cette question présente surtout de l'intérêt quand le fait révélé peut constituer un crime pour lequel le particulier, même se constituant partie civile, ne peut saisir la cour d'assises. Malgré les précédents résultant de la législation de la Constituante et du Code de brumaire an IV, qui faisaient un devoir d'agir même en cas de simple dénonciation ; malgré les termes des articles 47, 64 et 70, qui semblent également impératifs, la pratique constante est que le ministère public et le juge d'instruction peuvent rester dans l'inaction et se rendre juges de l'opportunité des poursuites et des actes d'instruction.

CHAPITRE II

Des actes de l'instruction préparatoire et des moyens de sanction de leur accomplissement.

Les règles de l'instruction préparatoire varient suivant qu'il s'agit des cas ordinaires ou des cas requérant célérité.

Ces derniers se réfèrent aux crimes flagrants, aux délits flagrants (loi de 1863) ou autres crimes ou délits qui leur sont assimilés.

Nous examinerons dans deux sections spéciales ces deux hypothèses.

SECTION PREMIÈRE

De l'instruction préparatoire dans les cas ordinaires.

Dans les cas *ordinaires,* les rôles du juge d'instruction et du procureur impérial sont parfaite-

14

ment distincts. Le juge d'instruction est seul chargé de faire les actes consistant à réunir les éléments de preuve et à les constater ; mais il ne peut faire, en principe, aucun acte d'instruction ou de poursuite sans avoir communiqué la procédure au procureur impérial. Il peut seulement, comme nous le verrons, délivrer des mandats d'amener et de dépôt (art. 61). — De son côté, le procureur impérial ne peut faire aucun acte d'instruction ; son rôle consiste à requérir, à provoquer le juge d'instruction pour qu'il procède à sa mission (art. 47).

Qu'il s'agisse pour le procureur impérial de requérir, ou pour le juge d'instruction de faire des actes d'instruction, celui qui est informé le premier communique à l'autre.

Pour les actes d'instruction qui font l'objet de la mission du juge d'instruction, comme pour les actes de recherche et de poursuite qui sont dans le rôle habituel du procureur impérial, le Code d'instruction criminelle a fait une attribution de compétence à trois autorités : 1° à l'autorité du lieu du délit ; 2° à celle de la résidence du prévenu ; 3° à celle du lieu où le prévenu pourra être trouvé, c'est-à-dire du lieu de la capture (art. 23, 63, 69).

De ces trois autorités, la première saisie par la

délivrance d'un mandat d'amener, garde la compétence. Et si elles ont été saisies le même jour il faudrait, conformément au Code de brumaire an IV, leur attribuer compétence dans l'ordre suivant : d'abord à l'autorité du lieu du délit, ensuite à l'autorité de la résidence et enfin à l'autorité du lieu de la capture.

Cette compétence est d'autant plus à remarquer qu'elle sert à déterminer celle des juridictions chargées de statuer plus tard sur l'affaire.

§ I. — DIVERS ACTES DE L'INSTRUCTION PRÉPARATOIRE.

D'après la définition de l'art. 8, l'instruction préparatoire a pour objet : de constater le délit, de reconnaître ceux qui en sont les auteurs, de saisir et de réunir les indices ou les preuves qui se rapportent, soit au fait physique, soit à la culpabilité ou à la non culpabilité morale des délinquants. L'instruction doit se faire tant à charge qu'à décharge.

Ces divers objets de l'instruction préparatoire peuvent se constater de deux manières :

Par les vestiges matériels, par les éléments physiques qui restent du corps du délit dont la description est faite dans des procès-verbaux appelés procès-verbaux de *constat;*

Par les témoignages oraux, soit des inculpés, soit des témoins. C'est ce qu'on appelle, par souvenir de l'ancien régime, l'*information*.

Nous verrons que devant le jury ces deux espèces d'actes de l'instruction préparatoire doivent être soigneusement distinguées. En effet, d'après l'art. 341, C. I. cr., au moment où le jury va se retirer pour délibérer, il lui est remis, avec l'acte d'accusation, les procès-verbaux et les autres pièces du procès, mais non les déclarations écrites des témoins.

Les divers moyens d'instruction qui peuvent être employés sont :

Le *transport sur les lieux* pour lequel le juge d'instruction est toujours accompagné du procureur impérial et du greffier du tribunal (art. 62, C. I. cr.).

L'*interrogatoire des témoins* qui sont entendus secrètement et séparément par le juge d'instruction assisté de son greffier, mais hors la présence du ministère public et hors la présence du prévenu. Les dépositions des témoins sont consignées par écrit. Les enfants au-dessous de l'âge de quinze ans peuvent être entendus par forme de déclaration et sans prestation de serment. La sanction de la comparution est une amende de 100 fr. au plus et, au besoin, la contrainte par corps. Chaque témoin peut demander une indemnité qui est taxée par le juge d'instruction.

Dans le cas où un témoin serait dans l'impossibilité de comparaître, le juge d'instruction peut se transporter à son domicile pour y recevoir sa déposition ou adresser à cet effet une commission rogatoire à un juge de paix ou au juge d'instruction d'un autre arrondissement (art. 71 à 86, C. I. cr.).

Les *perquisitions et les saisies d'objets,* papiers ou tous autres effets utiles à la manifestation de la vérité, faites, soit au domicile de l'inculpé, soit en tous autres lieux, en présence de l'inculpé, s'il est arrêté, ou d'un fondé de pouvoirs qu'il pourra nommer (art. 35 à 39 et 87 à 90 et 99, C. I. cr.).

Les *expertises.* — Le juge d'instruction peut se faire accompagner des personnes qui, par leur art ou profession, peuvent apprécier la nature et les circonstances du crime ou du délit (art. 43 et 44, C. I. cr.).

L'interrogatoire de l'inculpé. — Quoique le Code n'en parle pas, cet interrogatoire peut être fait suivant les règles prescrites pour l'audition des témoins, secrètement, hors la présence du ministère public ou de la partie plaignante, mais sans prestation de serment. Les réponses de l'inculpé sont consignées dans un procès-verbal.

§ II. — MOYENS DE SANCTION POUR L'INSTRUCTION
PRÉPARATOIRE.

Les divers actes d'instruction que nous venons
d'énumérer supposent que le juge d'instruction
est investi des pouvoirs nécessaires à leur accomplissement. C'est ainsi que nous avons vu qu'il a
le droit : soit de prononcer des amendes contre les
témoins défaillants, soit de requérir la force publique et toutes personnes pouvant être utiles à l'instruction. Les actes de perquisition et de saisie
des objets et écrits de toute nature, pouvant
servir à la manifestation de la vérité, l'autorisent
à pénétrer au domicile de l'inculpé ou en tous autres lieux, à s'emparer, même dans les bureaux de
la poste, des lettres dont la connaissance est pré-
sumée devoir être utile. (Affaire Coëtlogon, où la
saisie avait été pratiquée par le préfet de police, saisie reconnue valable par un arrêt de la
cour de cassation du 21 novembre 1853.)

Enfin, pour empêcher l'inculpé de se soustraire à
la justice de son pays, pour faciliter la marche de
l'instruction et s'assurer de la conservation des
preuves et de l'intégrité des témoignages, la loi a
permis au juge d'instruction de porter atteinte au

principe de la liberté individuelle. Cette atteinte résulte du droit accordé au juge d'instruction de délivrer divers mandats dont la rigueur est tempérée par le bénéfice de la liberté provisoire qui vient d'être élargi par la nouvelle loi du 14 juillet 1865.

Ce sont ces mandats, avec la liberté provisoire qui en est le palliatif, que nous allons étudier.

Des mandats.

(Art. 91 à 112, C. I. cr.)

Le mandat est un ordre délivré par le juge d'instruction contre un individu soupçonné d'un crime ou d'un délit.

On distingue quatre espèces de mandats : le mandat de comparution, le mandat d'amener, le mandat de dépôt, le mandat d'arrêt. Le mandat de dépôt date de la loi du 7 pluviôse an IX. — Les autres mandats ont leur origine dans le Code de brumaire an IV.

Mandat de comparution. — Le mandat de comparution est l'ordre donné à l'inculpé de se présenter devant le juge d'instruction pour y donner des explications. Il n'emporte aucun moyen de contrainte ni aucune mesure de détention. L'inculpé doit être interrogé de suite (art. 91 et 93).

Mandat d'amener. — Le mandat d'amener est l'ordre de contraindre au besoin l'inculpé, par la force publique, à se présenter devant le juge d'instruction (art. 98 à 100).

L'inculpé est interrogé dans les vingt-quatre heures au plus tard (art. 93), pendant lesquelles il peut être tenu à la disposition de la justice et sous la garde de la force publique dans la maison commune ou dans le palais de justice, mais non dans une prison ou maison d'arrêt (art. 609, C. I. cr.).

Ce mandat d'amener tendant à mettre l'inculpé sous la main de la justice, est un premier acte de poursuite; il attribue compétence à l'autorité qui, la première, l'a délivré.

Sous le Code d'instruction criminelle, lorsque l'inculpé était domicilié et que le fait ne donnait lieu qu'à une peine correctionnelle, le juge d'instruction pouvait ne décerner qu'un mandat de comparution, sauf à décerner ensuite un mandat d'amener si l'inculpé faisait défaut. — Lorsque le fait devait entraîner une peine afflictive ou infamante, le juge d'instruction devait décerner un mandat d'amener.

Depuis la nouvelle loi du 14 juillet 1865, le juge d'instruction a, dans tous les cas, soit en matière correctionnelle, soit en matière criminelle, la faculté de ne délivrer qu'un mandat de comparution sauf à le convertir en un mandat d'amener si l'inculpé ne comparaît pas devant lui.

Mandat de dépôt. — Le mandat de dépôt emporte voie de contrainte et détention préventive. Il a pour effet de faire détenir l'inculpé dans la maison d'arrêt établie près le tribunal correctionnel (art. 107). Son nom indique qu'il doit avoir un caractère provisoire ; aussi, une loi du 4 avril 1855 permettait déjà au juge d'instruction de donner main-levée de ce mandat dans le cours de l'instruction.

Mandat d'arrêt. — Le mandat d'arrêt est de la même nature et produit les mêmes effets que le mandat de dépôt. Toutefois, avant la nouvelle loi de 1865, il avait un caractère définitif ; la détention préalable devait se prolonger jusqu'à la clôture de l'instruction préparatoire. La nouvelle loi du 14 juillet 1865 permet au juge d'instruction d'ordonner dans le cours de l'instruction la main-levée du mandat d'arrêt aussi bien que du mandat de dépôt, sur les conclusions du procureur impérial.

A ce point de vue, le mandat d'arrêt et le mandat de dépôt sont désormais sur la même ligne. Ils ont, en outre, cela de commun que l'un et l'autre ne peuvent être décernés qu'après interroga-

14.

toire ou en cas de fuite de l'inculpé, et pourvu que le fait emporte la peine d'emprisonnement ou une peine plus grave (art. 94).

Sous d'autres rapports, il importe de distinguer ces deux espèces de mandats :

1° Le mandat de dépôt peut être décerné d'office par le juge d'instruction. — Le mandat d'arrêt ne peut être délivré qu'après les conclusions du procureur impérial ;

2° Le mandat de dépôt n'exige pas plus que les mandats de comparution et d'amener l'indication du fait pour lequel il est décerné. — Le mandat d'arrêt doit contenir l'énonciation du fait et la citation de la loi qui déclare que ce fait est un crime ou un délit (art. 96).

— Tous les mandats doivent être signés de celui qui les délivre ; ils doivent désigner clairement l'inculpé. — Ils sont notifiés par un huissier ou un agent de la force publique et sont exécutoires dans tout le territoire de l'Empire.

Ces restrictions à la liberté individuelle peuvent être encore aggravées par la mise au secret que les magistrats appellent : Défense de communiquer (art. 120, C. P. ; 302, 613 et 618, C. I. cr.).

De la liberté provisoire.

(Art. 113 à 126, C. I. cr.)

Un tempérament à la détention préventive consiste dans le droit ou la possibilité d'obtenir la liberté provisoire.

Sous le Code d'instruction criminelle, la liberté provisoire ne pouvait être accordée lorsque le détenu était inculpé d'un crime ; si le fait n'emportait qu'une peine correctionnelle, le juge d'instruction avait la faculté, sur les conclusions du procureur impérial, d'ordonner la mise en liberté provisoire sous caution.

La nouvelle loi du 14 juillet 1865 a considérablement étendu l'application du bénéfice de la liberté provisoire. On peut résumer ainsi les principales innovations de cette loi :

1° Elle permet au juge d'instruction, sur les conclusions du procureur impérial, d'accorder la liberté provisoire, même en matière criminelle ;

2° En matière correctionnelle la mise en liberté est de droit, cinq jours après l'interrogatoire, lorsque l'inculpé est domicilié et que le maximum de la peine est inférieur à deux ans d'emprisonnement. — Cette disposition ne s'applique, toutefois, ni aux prévenus déjà condamnés pour crime, ni à ceux déjà condamnés à un emprisonnement de plus d'une année (art. 113);

3° Dans les cas où la liberté provisoire n'est pas de droit, l'obligation de fournir un cautionnement n'est plus impérative; le juge d'instruction peut ou non l'exiger.

Le cautionnement garantit : 1° la représentation de l'inculpé à tous les actes de la procédure et pour l'exécution du jugement; 2° le paiement, dans l'ordre suivant : des frais faits par la partie publique, de ceux avancés par la partie civile et des amendes. L'ordonnance de mise en liberté détermine la somme affectée à chacune des deux parties du cautionnement (art. 114).

Le cautionnement est fourni, soit en espèces par un tiers ou par l'inculpé, soit au moyen de l'engagement que prend une tierce personne solvable de faire représenter l'inculpé ou, à défaut, de verser au Trésor la somme déterminée (art. 120).

Les obligations du cautionnement cessent si l'inculpé se présente à tous les actes de procédure et pour l'exécution du jugement. — S'il fait défaut sans motif légitime d'excuse, la première partie du cautionnement est acquise à l'État, sauf s'il est renvoyé des poursuites, absous ou acquitté, la restitution facultative qui peut en être prononcée. Quant à la seconde partie, en cas de condamnation, le surplus de ce qui est nécessaire aux frais et à l'amende est restitué, et elle est toujours restituée en cas d'acquittement, d'absolution ou de renvoi des poursuites.

La mise en liberté provisoire peut être demandée en *tout état de cause*. Ce sera la juridiction saisie de l'affaire au moment de la demande qui statuera : juge d'instruction, chambre d'accusation, tribunal de police correctionnelle, chambre des appels de police correctionnelle. Si l'affaire est pendante devant la cour de cassation, comme celle-ci ne juge pas les faits, ce sera le tribunal ou la cour dont la décision est attaquée qui devra prononcer.

La liberté provisoire cesse :

1° Lorsque des circonstances nouvelles et graves rendent la détention nécessaire (art. 115);

2° Lorsque l'inculpé cité ou ajourné ne comparaît pas. Dans ce cas, le juge d'instruction, le tribunal ou la cour peuvent décerner contre lui un mandat d'arrêt ou de dépôt ou une ordonnance de prise de corps (art. 125);

3° Lorsque l'inculpé, renvoyé devant la cour d'assises par un arrêt de la chambre des mises en accusation, aura été mis en état d'arrestation par suite de l'ordonnance de prise de corps contenue dans l'arrêt.

SECTION II

De l'instruction préparatoire dans les cas de crimes ou délits flagrants ou autres qui y sont assimilés.

D'après le Code d'instruction criminelle, des règles particulières régissent les crimes flagrants ou autres crimes ou délits qui y sont assimilés. D'après la loi du 20 mai 1863 les flagrants délits de police correctionnelle sont aussi dans une situation à part.

§ I. — CRIMES FLAGRANTS ET AUTRES CRIMES OU DÉLITS QUI Y SONT ASSIMILÉS.

(Articles 32 à 54, C. I. cr.)

Dans le cas de crimes flagrants (art. 39 et 41), deux modifications sont apportées aux règles ordinaires d'instruction :

1° Le procureur impérial n'a, dans les cas ordinaires, que des fonctions d'action ou de réquisition ; son droit de poursuite à titre de plus grande garantie se trouve, en principe, incompatible avec le droit de faire des actes d'instruction, de constatation. — Dans le cas de crimes flagrants, comme il importe de ne pas laisser échapper les éléments de preuves, le procureur impérial peut être officier de police judiciaire et faire les premiers actes de l'instruction. Les officiers de police auxiliaires du procureur impérial, c'est-à-dire les juges de paix, les officiers de gendarmerie, les commissaires de police, les maires et adjoints ont les même pouvoirs, soit d'eux-mêmes, soit par délégation du ministère public (art. 49 et 52). Il importait surtout de confier à ces derniers le droit de faire des actes d'instruction, car le crime ou le délit aura été commis le plus souvent hors la ville où réside le procureur impérial;

2° Le juge d'instruction, dans les cas ordinaires, ne peut faire aucun acte d'instruction sans avoir communiqué la procédure au procureur impérial. — Dans le cas de crimes flagrants, le juge d'instruction peut faire les premiers actes d'instruction sans une communication préalable au procureur impérial et il peut, sans attendre celui-ci, se transporter sur les lieux (art. 59 et 60).

Les crimes ou délits assimilés aux crimes flagrants, et qui sont soumis aux mêmes règles, sont ceux qui sont commis dans l'intérieur d'une maison lorsqu'il y a réquisition du chef de cette maison (art. 46).

Dans ces divers cas, dès que les actes les plus

urgents de l'instruction ont été accomplis, on doit revenir à l'application des règles ordinaires (art. 45), sauf au procureur impérial ou aux officiers de police qui sont ses auxiliaires à faire des visites ou perquisitions domiciliaires, mais seulement au domicile de l'inculpé (art. 36 et s.). Le procureur impérial peut également faire saisir dans tous les cas les inculpés présents, ou décerner contre les absents un mandat d'amener (art. 40) et, en cas de crime flagrant, toute personne a le droit d'arrestation (art. 108) (1).

§ II. — FLAGRANTS DÉLITS CORRECTIONNELS.
(Loi du 20 mai 1863.)

La loi du 20 mai 1863 a eu pour but, à l'égard des flagrants délits de police correctionnelle, d'accélérer la procédure, soit pour l'instruction préparatoire, soit pour le jugement et d'abréger ainsi la durée de la détention préalable.

Dans l'instruction préparatoire, le juge d'instruction s'efface. L'individu arrêté en état de fla-

---

(1) Quant au droit d'arrestation accordé aux gardes champêtres et forestiers (pour tout flagrant délit pouvant emporter une peine d'emprisonnement ou une peine plus grave), et quant au droit plus restreint de perquisition (pour délits ou contraventions rurales et forestières) nous renvoyons à l'art. 16.

grant délit de police correctionnelle est immédiatement conduit devant le procureur impérial. Celui-ci interroge l'inculpé et, s'il y a lieu, le traduit
sur-le-champ ou pour l'audience du lendemain
devant le tribunal correctionnel. Dans ce cas, le
procureur impérial a le droit de mettre l'inculpé
sous mandat de dépôt (art. 1 et 2).

Quant à la procédure à suivre devant la juridiction de jugement, bien qu'elle ne soit pas actuellement l'objet de notre examen, pour ne pas scinder
nos explications sur la loi de 1863, nous dirons
qu'elle est simplifiée, soit quant aux délais, soit
quant aux formes de citations à donner à l'inculpé
et aux témoins.

Les délais ordinaires de citation ne sont point
observés, puisque le procureur impérial peut tra-
duire sur-le-champ l'inculpé à l'audience du tribunal ou le faire citer pour le lendemain.

La citation aux témoins ne se fait pas par ex-
ploit; elle se donne verbalement par tout officier
de police judiciaire ou agent de la force publique
(art. 3).

Si l'inculpé le demande, le tribunal lui accorde
un délai de trois jours au moins pour préparer sa
défense (art. 4). Dans le cas où l'affaire n'est pas en
état de recevoir jugement, le tribunal en ordonne
le renvoi pour plus ample information à l'une des

prochaines audiences et, s'il y a lieu, met l'inculpé provisoirement en liberté avec ou sans caution (art. 5).

L'inculpé, s'il est acquitté, est immédiatement et nonobstant appel, mis en liberté (art. 6). Cette règle déroge à l'ancien article 206, C. I. cr., d'après lequel, en cas d'acquittement en police correctionnelle, la mise en liberté était suspendue pendant trois jours en prévision de l'appel du ministère public.

CHAPITRE III

Issue de l'instruction préparatoire.

L'instruction préparatoire terminée doit recevoir une solution. Autrefois, sous le Code d'instruction criminelle, c'était la chambre du conseil, c'est-à-dire la chambre à laquelle appartenait le juge d'instruction, qui statuait sur les résultats de l'instruction et sur l'issue qu'elle devait avoir.

La loi du 17 juillet 1856 a supprimé la chambre du conseil et en a transporté les fonctions au juge d'instruction seul.

Cette suppression de la chambre du conseil a été prononcée pour deux raisons : 1° cette chambre n'offrait pas une grande utilité, attendu qu'il suffisait dans l'hypothèse la plus grave, celle du renvoi de l'affaire à la chambre des mises en accusation, qu'un seul juge fût de l'avis du renvoi pour qu'il eût lieu. Or c'était habituellement le juge d'instruction qui formulait cet avis. Du reste, la connaissance personnelle que ce dernier avait de l'affaire par les actes d'instruction auxquels il s'était livré faisait le plus souvent prévaloir son opinion dans le sein de la chambre; 2° l'examen auquel cette chambre du conseil était obligé de se livrer était une cause de lenteur qui prolongeait la détention préalable.

Dès que la procédure d'instruction est terminée, le juge d'instruction la communique au procureur impérial, qui doit lui adresser ses réquisitions dans les trois jours. La décision du juge d'instruction sur l'issue de cette procédure peut être :

Soit une ordonnance de *non-lieu,* si le fait ne constitue pas une infraction à la loi pénale ou s'il n'existe pas de charges suffisantes contre l'inculpé, qui devra être mis en liberté ;

Soit une ordonnance de *renvoi* au tribunal de *simple police,* si le fait n'est qu'une contravention de police, avec mise en liberté du prévenu ;

Soit une ordonnance de *renvoi* au *tribunal correctionnel,* si le fait est de nature à être puni de peines correctionnelles avec maintien provisoire de l'état d'arrestation si le délit peut entraîner l'emprisonnement ;

Soit, enfin, une ordonnance de renvoi à la

chambre des mises en accusation de la cour impériale, si le fait présente les caractères d'un crime
et s'il y a des charges suffisantes, avec maintien
du mandat d'arrêt ou de dépôt jusqu'à ce que la
chambre des mises en accusation ait statué (art.
127 à 134, C. I. cr.).

Dans le cas où l'affaire a été renvoyée à la chambre des mises en accusation, celle-ci, sur le rapport du procureur général, statue dans les trois
jours au plus tard :

Soit par un arrêt préparatoire, pour ordonner
de nouvelles informations ou l'apport des pièces
servant à conviction qui seront restées déposées
au greffe du tribunal de première instance (art.
228 et 235, C. I. cr.) ;

Soit par un arrêt de *non-lieu* (art. 229, C. I. cr.),
sauf à reprendre la procédure s'il survient des
charges nouvelles (art. 246 à 248) ;

Soit par un arrêt *de renvoi* au tribunal de *simple police* ou de *police correctionnelle* (art. 230, C.
I. cr.), sauf l'application des distinctions qui précèdent sur la mise en liberté du prévenu (art. 239) ;

Soit enfin par un arrêt de *renvoi* devant la *cour
d'assises* (art. 231, C. I. cr.). Cet arrêt s'appelle
arrêt da mise en accusation (1). Il est accompagné

(1) Celui qui est soupçonné d'avoir commis une infraction
à la loi pénale est appelé de différents noms, suivant l'état

d'une ordonnance de prise de corps désignant l'accusé et contenant, à peine de nullité, l'exposé sommaire et la qualification légale du fait objet de l'accusation (art. 232). Cette ordonnance est insérée dans l'arrêt de mise en accusation, lequel contient l'ordre de conduire l'accusé dans la maison *de justice* établie près de la cour d'assises où il est renvoyé (art. 233, C. I. cr.).

—Cette mission confiée au juge d'instruction et à la chambre des mises en accusation est une mission de jugement préalable, qui consiste à décider si un individu sera renvoyé devant la juridiction chargée de punir. Les juges d'instruction et les chambres des mises en accusation forment ce qu'on appelle des juridictions d'*instruction,* par opposition aux juridictions chargées de statuer définitivement sur le procès pénal et qu'on appelle juridictions de *jugement.*

plus ou moins avancé de la procédure. Pendant l'instruction préparatoire, on le désigne par le nom d'*inculpé.* Lorsqu'il est traduit devant le tribunal de simple police ou de police correctionnelle, on l'appelle *prévenu;* enfin, lorsqu'il est renvoyé devant la cour d'assises par un arrêt de la chambre des mises en accusation, on lui donne la qualification d'*accusé.*

LIVRE II

De la justice.

(Art. 137 à 643).

Le livre II du Code d'instruction criminelle, intitulé : *De la Justice*, a principalement pour objet de tracer les règles de procédure devant les juridictions chargées de statuer définitivement sur une infraction à la loi pénale.

Nous exposerons d'abord l'organisation et la compétence des diverses juridictions, au point de vue pénal ; ensuite nous indiquerons la procédure qui est suivie devant les juridictions de jugement.

TITRE PREMIER

Organisation et compétence des juridictions pénales.

La *juridiction,* dit Boncenne, est le *pouvoir de juger ;* la *compétence* est la *mesure de ce pouvoir.*

Nous allons examiner successivement ces deux points de vue, c'est-à-dire quelles sont les autorités chargées des fonctions de jugement et dans quelles limites elles doivent exercer leur mission.

CHAPITRE PREMIER

Organisation des juridictions pénales.

Notre organisation judiciaire actuelle date de 1810. Les idées qui dominent cette organisation sont : l'unité de justice civile et pénale et la hiérarchie.

D'après ce que nous avons dit dans le chapitre précédent, il faut distinguer, en matière pénale, deux sortes de juridictions : les *juridictions d'instruction* et les *juridictions de jugement*.

DES JURIDICTIONS D'INSTRUCTION.

Les juridictions d'*instruction* comprennent : le juge d'instruction et la chambre des mises en accusation

15

Juge d'instruction.

Le juge d'instruction a remplacé, depuis 1856, la chambre du conseil.

Le juge d'instruction se trouve dès lors investi de deux titres : celui d'officier de police judiciaire chargé de la recherche, de la saisie et de la réunion préparatoire des preuves, et celui de juge ayant mission de juger, en qualité de juridiction d'instruction, sur les incidents de l'instruction préparatoire et sur la solution qu'elle doit recevoir, conformément à ce que nous avons dit plus haut.

Le juge d'instruction est un juge du tribunal d'arrondissement, qui, en dehors de ses fonctions ordinaires de juge, est spécialement chargé des fonctions de l'instruction en matière pénale. Il est nommé pour trois ans par décret impérial et peut être pris, soit parmi les juges titulaires, soit parmi les juges suppléants (art. 55 à 58, C. I. cr.).

Chambre des mises en accusation.

La chambre des mises en accusation a remplacé, dans le Code d'instruction criminelle, l'ancien jury d'accusation de l'Assemblée constituante. Cette chambre est une section de la cour impériale qui comprend, en outre, la chambre civile et la chambre des appels de police correctionnelle. On peut remarquer que la chambre civile ne statue qu'au nombre de sept juges, tandis que la chambre des appels de police correctionnelle et la chambre des mises en accusation peuvent statuer au nombre de cinq juges.

Cette chambre des mises en accusation fonctionne : 1° comme juridiction d'appel contre certaines décisions du juge d'instruction ; 2° comme juridiction chargée de prononcer, sur le renvoi qui lui est fait par le juge d'instruction, si l'inculpé d'un crime doit être renvoyé en état d'accusation devant la cour d'assises.

Il peut se faire, du reste, que la chambre des appels de police correctionnelle soit réunie à la chambre des mises en accusation et même que toutes les chambres de la cour soient réunies pour délibérer sur la mise en accusation.

JURIDICTIONS DE JUGEMENT

Les juridictions de jugement comprennent : le tribunal de simple police, le tribunal de police correctionnelle, la chambre des appels de police correctionnelle de la cour impériale et la cour de cassation.

Tribunal de simple police.

La juridiction de simple police est exercée par le juge de paix du canton et par le maire dans les communes non chefs-lieux de canton (art. 138, C. I. cr.).

Le juge de paix a une compétence générale pour toutes les contraventions de police commises dans le ressort de son canton. Pour quelques-unes de ces contraventions il a une compétence exclusive (art. 139), et ce n'est que pour les autres qu'il se trouve en concurrence avec le maire (art. 140 à 143, 166 à 171).

En fait, le maire s'abstient d'exercer les pouvoirs de juge de police. C'est avec d'autant plus de raison que le maire, pouvant faire des règlements de police, se trouverait ainsi appelé à statuer sur ses propres arrêtés. Il doit y avoir incompatibilité entre le pouvoir d'édicter la règle et le pouvoir de l'appliquer, entre légiférer et juger. Il serait bien plus rationnel de consacrer par une loi l'incompétence du maire que de reconnaître, par les statistiques, qu'il a un pouvoir dont il n'use pas.

Tribunal de police correctionnelle.

Le tribunal correctionnel n'est autre que le tribunal d'arrondissement, qui fonctionne en qualité de tribunal civil et de tribunal correctionnel, de même que le juge de paix est juge civil et juge pénal.

Dans les tribunaux composés de plusieurs chambres, l'une ou plusieurs d'entre elles statuent sur les affaires civiles, et l'autre ou les autres sont chargées des affaires de police correctionnelle. Si le tribunal n'est pas divisé en chambres, ce sont les mêmes juges qui statuent certains jours sur les affaires civiles et les autres jours sur les affaires correctionnelles.

Dans tous les cas, le jugement ne peut être rendu par moins de trois juges (art. 179 et 180).

Chambre des appels de police correctionnelle.

Cette chambre est une section de la cour impériale. Sa mission consiste à statuer sur l'appel des jugements rendus par les tribunaux de police correctionnelle. Elle statue au nombre de cinq juges au moins.

15.

Cour d'assises.

La cour d'assises, à la différence des juridictions précédentes, n'est qu'une juridiction temporaire; elle se compose de deux éléments : la magistrature et le jury.

Les assises se tiennent dans chaque département (art. 251); le plus souvent au chef-lieu (art. 258). La tenue des assises doit avoir lieu tous les trois mois, à moins que les besoins n'exigent plusieurs sessions dans le même trimestre (art. 259). A Paris, les sessions se succèdent sans interruption, de quinzaine en quinzaine. La session de la première quinzaine de chaque trimestre s'appelle session ordinaire; les autres sessions sont qualifiées d'extraordinaires.

Le principe de l'unité de justice est réalisé dans la cour d'assises. En effet, c'est la cour impériale qui tient les assises au lieu où elle siége; et dans les autres départements du ressort de la cour impériale, ce sont des conseillers de la cour, délégués à cet effet, qui vont tenir les assises.

C'est le premier président de la cour impériale qui désigne le jour où devra s'ouvrir la session de la cour d'assises, quand elle se tiendra dans le lieu où elle siége habituellement.

Et lorsque la cour d'assises devra tenir sa session dans un lieu autre que celui où elle siége habituellement, l'époque de l'ouverture et le lieu seront déterminés par arrêt rendu, toutes les chambres assemblées et le procureur général entendu (art. 260, C. I. cr. et L. du 10 avril 1810).

Magistrature. — Le nombre des magistrats devant siéger à la cour d'assises, d'abord fixé à cinq, a été réduit à trois en 1831 (art. 252).

Dans les départements où siége la cour impériale, les juges sont trois conseillers, dont un président et deux assesseurs (art. 252).

Dans les autres départements, la cour d'assises est composée : 1° d'un conseiller de la cour impériale, qui sera président de la cour d'assises ; 2° de deux juges pris : soit parmi les conseillers de la cour impériale, lorsque celle-ci jugera convenable de les déléguer à cet effet ; soit parmi les présidents ou juges du tribunal de première instance du lieu de la tenue des assises (art. 253).

D'après le décret du 6 juillet 1810, dans les lieux ou réside la cour impériale, si la gravité des circonstances l'exigeait, la chambre civile de cette cour pourrait se réunir à la magistrature de la cour d'assises sur les conclusions du procureur général et après arrêt rendu toutes chambres réunies.

Les présidents et les conseillers assesseurs pour

les assises sont nommés par le ministre de la justice et, à son défaut, par le premier président de la cour impériale.

Quant aux juges assesseurs pris dans les tribunaux de première instance du lieu de la tenue des assises, c'est toujours le premier président de la cour qui les nomme, sur l'avis du procureur général (art. 253).

Dans la prévision d'une longue session, la cour d'assises peut s'adjoindre un ou deux assesseurs suppléants, pour remplacer, en cas de besoin, les assesseurs qui pourraient faire défaut.

En tout cas, ne peuvent faire partie de la magistrature de la cour, ni les conseillers qui auraient voté sur la mise en accusation, ni le juge d'instruction (art. 257).

Jury. — Le jury est une réunion d'habitants ou de citoyens chargés du mandat temporaire de juger en leur conscience et sur la foi du serment (jurés) la question de culpabilité ou de non culpabilité d'un individu qui est accusé d'un crime. Cette grande institution du jury a été empruntée par l'Assemblée constituante à l'Angleterre.

Conditions d'aptitude. — Les conditions requises pour être juré sont, d'après la nouvelle loi du 4 juin 1853 à combiner avec les articles du Code d'instruction criminelle : l'âge de trente ans, la jouissance des droits politiques, civils et de famille. Ces conditions générales remplies, il faut tenir compte des cas d'incapacité ou d'incompatibilité, d'exclusion ou de dispense.

Sont *incapables* d'être jurés :

Les individus condamnés à une peine criminelle ou à une peine correctionnelle pour un fait qualifié crime ; — les condamnés à l'emprisonnement de trois mois au moins ; — les condamnés à l'emprisonnement, quelle que soit sa durée, pour vol, escroquerie, abus de confiance, soustraction commise par des dépositaires publics, attentats aux mœurs, prévus par les art. 330 et 334, C. P., outrage à la morale publique et religieuse, attaques contre le principe de la propriété et les droits de la famille, vagabondage ou mendicité ; — les condamnés pour délit d'usure ; — ceux qui sont en état d'accusation et de contumace ; — les notaires, greffiers et officiers ministériels destitués ; — les faillis non réhabilités ; — ceux qui sont sous mandat d'arrêt ou de dépôt, etc.

Sont incapables, pour cinq ans seulement, à dater de l'expiration de leur peine, les condamnés à un emprisonnement d'un mois au moins.

Les fonctions de juré sont *incompatibles* avec celles de ministre, président du Sénat ou du Corps législatif, membre du conseil d'État, préfet, sous-préfet, conseiller de préfecture, juge, officier du ministère public, commissaire de police, ministre d'un culte reconnu par l'État, militaire, fonctionnaire ou préposé du service actif des douanes, des contributions indirectes, des forêts de l'État et de la couronne et de l'administration des télégraphes, instituteur primaire communal.

Ne peuvent être jurés par *inhabilité* et non par indignité : les domestiques et serviteurs à gages, ceux qui ne savent pas lire et écrire en français, ceux qui sont placés dans un établissement d'aliénés. Nous mettons sur la même ligne : les interdits et les individus pourvus d'un conseil judiciaire que la loi énumère ailleurs.

Sont *dispensés* des fonctions de juré : 1° les septuagénaires ; 2° ceux qui ont besoin pour vivre de leur travail manuel et journalier.

Formation du jury. — Le jury, pour chaque affaire, doit se composer de douze membres (art. 394). On arrive à déterminer la liste de chaque affaire en passant par deux autres listes : la liste annuelle et la liste de session.

La liste annuelle, sous le Code de 1808, était dressée par le préfet, qui choisissait soixante membres parmi les personnes aptes à être jurés. — Le président des assises la réduisait à trente-six pour former la liste de session et la liste de douze jurés pour chaque affaire était obtenue par un tirage au sort sur la liste de session. Avec ce système on peut dire que la justice était à la merci du pouvoir exécutif.

C'est une loi de 1827 qui a introduit le système actuellement en vigueur dans la nouvelle loi de 1853. On distingue toujours : la liste *annuelle*, la liste de *session* et la liste de *chaque affaire*.

La liste *annuelle*, qui est faite pour le service de toute l'année, est préparée par des commissions de canton et d'arrondissement; elle est définitivement arrêtée par le *préfet*. Elle se compose, pour le département, de cinq cents à trois cents membres, suivant l'importance de la population. — Pour le département de la Seine, la liste annuelle se compose de deux mille jurés. Il y a aussi une liste annuelle de jurés suppléants pris dans la ville des assises, elle est de cinquante pour les départements et de deux cents pour Paris.

La liste de *session* comprend trente-six jurés et quatre suppléants, tirés au sort sur la liste annuelle. Ce tirage se fait dix jours avant l'ouverture des assises, en audience publique, par le premier président de la cour impériale ou le président du tribunal chef-lieu judiciaire.

Cette liste des jurés de session est notifiée à l'accusé la veille du jour où il s'agira de former la liste de l'affaire qui le concerne (art. 395). Le préfet notifie à chacun des jurés, huit jours à l'avance, l'appel qui lui est fait de se trouver au jour voulu pour remplir sa mission.

La liste de *chaque affaire*, c'est-à-dire du jury de jugement, qui doit se composer de douze membres, s'obtient de la manière suivante : au jour indiqué pour chaque affaire le président des assises, assisté de son greffier et en présence du ministère public et de l'accusé assisté de son conseil, tire au sort, avant l'audience et en chambre du conseil, les noms qui figurent sur la liste de session. Il faut au moins trente jurés présents pour que le tirage au sort puisse avoir lieu. A défaut de ce nombre on appellerait pour le compléter des jurés suppléants, et on recourrait, au besoin, à un tirage au sort parmi les jurés de la ville, inscrits sur la liste spéciale et subsidiairement sur la liste générale annuelle. Lorsque le nom d'un juré sort de l'urne, le droit de récusation sans motif peut être exercé par l'accusé ou le ministère public. Les douze premiers jurés, dont les noms seront sortis de l'urne sans qu'il y ait eu récusation, composeront le jury de jugement. Le droit de récusation ne peut plus être exercé lorsqu'il ne reste plus que douze jurés. L'accusé et le ministère public peuvent exercer un nombre égal de récusations ; mais si les jurés sont en nombre impair, les accusés peuvent exercer une récusation de plus que le ministère public. Les accusés s'entendent pour exercer leurs récusations, sinon ils les exercent séparément, d'après le rang que détermine le sort et dans les limites qui viennent d'être indiquées.

— Si le procès peut donner lieu à de longs débats, la cour peut ordonner l'adjonction d'un ou de deux jurés de plus.

Tout juré défaillant, qui n'aura pas fait admettre une excuse par la cour, est puni : la première fois, d'une amende de 500 francs réductible à 200 depuis la loi de 1853; la seconde fois, d'une amende de 1,000 francs, et, la troisième fois, d'une amende de 1,500 francs avec incapacité d'exercer à l'avenir les fonctions de juré.

Cour de cassation.

La cour de cassation se compose de trois chambres : la chambre des requêtes, la chambre civile et la chambre criminelle. C'est cette dernière chambre qui juge les pourvois en matière pénale. Chacune des chambres ne statue valablement qu'au nombre de onze juges. Dans les audiences solennelles, les trois chambres sont réunies pour statuer, soit en matière civile, soit en matière pénale.

16

— Le personnel de ces diverses juridictions comprend, en outre : un *greffier*, et, au besoin, des commis-greffiers chargés principalement de la rédaction et de l'expédition des jugements ou arrêts, et le *ministère public* qui, en matière pénale, joue toujours le rôle de partie principale, de partie poursuivante, chargé de donner ses conclusions et de requérir l'application de la loi pénale.

Le ministère public est exercé : près les tribunaux de simple police, par les commissaires de police ou, à leur défaut, par les maires et adjoints ; — près les tribunaux d'arrondissement, par un procureur impérial et ses substituts ; — près la cour impériale, par le procureur général, les avocats généraux et les substituts du procureur général, et, près la cour de cassation, par le procureur général et des avocats généraux.

Le ministère public a son origine dans le procureur et l'avocat du roi de l'ancien régime, le premier chargé des actes de la procédure, l'autre de la plaidoirie. Aujourd'hui, le ministère public réunit les deux fonctions : il a la plume et la parole, l'une *serve* et l'autre *libre*. En outre, il est *un* et *indivisible,* parce qu'il représente toujours la même partie : la société ; et, par suite, les membres qui le composent peuvent se remplacer dans l'exercice de leurs fonctions.

CHAPITRE II

Compétence de ces diverses juridictions.

DES JURIDICTIONS D'INSTRUCTION.

Les juridictions *d'instruction* (juge d'instruction et chambre des mises en accusation) ont deux questions principales à résoudre : 1° le fait objet des poursuites constitue-t-il un crime, un délit ou une contravention, en un mot, une infraction à la loi pénale? 2° y a-t-il ou non des charges suffisantes contre l'inculpé? La première de ces questions est surtout une question de droit ; elle exigera une appréciation juridique. La deuxième, est principalement une question de fait; elle se résoudra par l'examen attentif des divers faits ou indices pouvant révéler la culpabilité.

Le secret des opérations actives de l'instruction

se continue devant les juridictions qui ont à statuer sur son issue. Il n'y a devant elles ni débats publics, ni défense contradictoire. L'inculpé et la partie civile sont seulement autorisés à fournir des mémoires pour éclairer leurs juges (art. 217 et 222).

DES JURIDICTIONS DE JUGEMENT.

Le tribunal de *simple police* est compétent pour statuer sur les infractions punies de peines de simple police (art. 137 et 138), à l'exception de certaines infractions qui, quoique punies de peines de simple police, sont de la compétence des tribunaux correctionnels.

Le tribunal de *police correctionnelle* est compétent : 1° pour les appels des jugements de simple police, lorsque l'appel est autorisé ; 2° pour toutes les infractions punies de peines correctionnelles, à l'exception toutefois des contraventions à la grande voirie et aux servitudes militaires et de certaines contraventions à la police du roulage, qui sont de la compétence des conseils de préfecture ; 3° pour certains délits ou contraventions, même punis de peines de simple police ; par exemple : tous les délits ou contraventions en matière forestière poursuivis par l'administration des forêts (art. 171 et 190, C. forestier), en matière de pêche fluviale (art. 48, L. 15 avril 1829), de contributions indirectes, d'infractions à la loi de l'an XI sur l'art de guérir ; 4° pour certains crimes commis par un mineur de 16 ans qui n'a pas de complices au-dessus de cet âge (art. 68, C. P.).

La *cour impériale* a mission de statuer : 1° sur l'appel des jugements rendus par les tribunaux de police correctionnelle ; 2° en premier et dernier ressort : pour les délits commis par des magistrats de l'ordre judiciaire (art. 479, C. I. cr.), et par certaines autres personnes privilégiées (grands officiers de la Légion d'honneur, généraux, préfets, évêques (L. 20 avril 1810, art. 10). Nous avouons ne pas comprendre ces dérogations, pour des délits de droit commun, au grand principe de l'égalité.

La *cour d'assises* est compétente pour statuer sur tous les cas de crimes, à l'exception de certains crimes commis par un mineur de 16 ans et qui sont soumis à la juridiction du tribunal correctionnel. Autrefois, avant 1852, la cour d'assises statuait également sur les délits politiques et de presse. La séparation à faire, en ce qui concerne la compétence, entre la magistrature et le jury de la cour d'assises, est celle-ci :

Le jury est juge de la *culpabilité* ou *non culpa-*

bilité. La magistrature est juge pour l'*application de la loi*. Il ne faut pas dire, comme on le dit ordinairement, que le jury statue sur une question de *fait* et la magistrature sur une question de *droit*. Sans doute, le fait domine dans la question de culpabilité et le droit joue un grand rôle dans la seconde.

Mais la mission qui appartient au jury de reconnaître, pour décider la question de culpabilité, si l'accusé était en état de démence, de contrainte, de légitime défense, d'ordre de la loi, toutes causes de non imputabilité, ne s'applique pas à une pure question de fait; elle suppose une appréciation morale et juridique. De même, la mission accordée à la magistrature de fixer la peine entre un minimum et un maximum, ou de descendre d'un ou deux échelons pour abaisser la peine par suite de circonstances atténuantes déclarées par le jury, suppose bien que la magistrature peut tenir compte des faits.

— Devant ces juridictions de jugement (tribunal de simple police, tribunal correctionnel et cour d'assises) qu'arrivera-t-il si, d'après les débats, le fait est reconnu plus grave ou, à l'inverse, moins grave que ne l'indiquait la poursuite?

Si le fait poursuivi devant le tribunal de simple police comme contravention est reconnu être un délit de police correctionnelle ou un crime, ou si, poursuivi comme délit devant le tribunal correctionnel, il est reconnu être un crime, la juridiction n'a plus le pouvoir de juger ; elle doit se déclarer incompétente (art. 169 et 193, C. I. cr.).

La pratique, il est vrai, a introduit l'usage de *correctionnaliser* les affaires. La chambre des mises en accusation et le tribunal correctionnel après elle écartent les circonstances qui pourraient donner au fait le caractère d'un crime, afin d'enlever au jury la compétence. C'est un procédé tout à fait contraire à la loi, et qui laisse apercevoir une sorte de méfiance contre le jury.

Si le fait, au contraire, est reconnu moins grave, la juridiction saisie d'un délit de police correctionnelle qui n'est plus qu'une contravention de police, ou d'un prétendu crime qui ne constitue plus qu'un délit ou une contravention, restera-t-elle compétente pour appliquer la peine du délit inférieur ? Il faut distinguer : la cour d'assises reste compétente pour appliquer la peine (art. 365, C. I. cr.). Quant au tribunal correctionnel, il ne peut retenir l'affaire pour prononcer la peine qu'autant que le ministère public ou la partie civile n'a pas demandé le renvoi. Son jugement est alors rendu en dernier ressort, quoique le tribunal de simple police n'aurait peut-être pu statuer qu'en premier ressort (art. 192, C. I. cr.). La loi né dit rien du prévenu. C'est une question de savoir si le tribunal devrait faire droit à sa demande en renvoi ; la jurisprudence ne l'autorise à soulever la question d'incompétence qu'*in limine litis* et non à la suite d'une modification des faits résultant des débats.

Une situation analogue se présente lorsqu'après un acquittement ou une absolution au point de vue pénal, il y a lieu de statuer sur les dommages-intérêts. Il se peut très-bien qu'un individu soit acquitté ou absous et qu'il reste à sa charge un préjudice à réparer. Autre chose est la faute pénale, autre chose est la faute civile.

La cour d'assises restera compétente pour prononcer sur les dommages-intérêts réclamés, soit par la partie civile, soit par l'accusé, acquitté ou absous (art. 366, C. I. cr.).

Quant au tribunal de police et au tribunal correctionnel, c'est une question controversée que celle de savoir s'ils sont compétents, après un acquittement ou une absolution, pour statuer sur les dommages-intérêts. Les articles 159 et 191, C. I. cr., semblent reconnaître cette compétence sans distinction.

Mais la jurisprudence décide que les dommages-intérêts dont il est question dans ces articles ne doivent s'entendre que de ceux réclamés par le

prévenu et non de ceux réclamés par la partie civile; que cette dernière aurait pu saisir un tribunal
de répression pour un fait ne méritant aucune peine
dans l'espoir d'obtenir plus facilement des dommages-intérêts; que s'il en est autrement devant
la cour d'assises, c'est que celle-ci ne peut jamais
être saisie par la partie lésée. Ce système de la
jurisprudence semble confirmé par l'article 212,
qui, prévoyant le cas où en appel le prévenu serait
renvoyé des poursuites, n'autorise la cour d'appel
à statuer que sur les dommages-intérêts réclamés
par lui.

La cour de *cassation,* juridiction unique et sou-
veraine, est compétente pour statuer : 1° sur les
pourvois en *cassation* formés contre les jugements
rendus en dernier ressort pour violations de la loi
et des formes substantielles de procédure, ou pour
incompétence ou excès de pouvoirs; 2° sur les
pourvois en *règlement de juges,* ou sur les *de-
mandes en renvoi* devant une autre juridiction
pour cause de suspicion légitime et de sûreté publique; 3° et spécialement, en matière pénale, sur
les pourvois en *révision* pour certaines erreurs de
fait, dans des cas très-exceptionnels que nous verrons plus loin.

16.

TITRE II

De la procédure devant les juridictions de jugement.

La procédure, devant les juridictions de jugement, a pour objet l'instruction définitive du procès à l'audience, le jugement et les voies de recours dont il peut être susceptible, enfin les règles relatives à son exécution. Nous diviserons, en conséquence, nos explications en trois chapitres.

CHAPITRE PREMIER

De l'instruction définitive.

§ I. — PROCÉDURE RELATIVE A L'ORGANISATION DE L'INSTANCE.

I. *Comment sont saisies les juridictions de jugement.*

Le tribunal de *simple police* est saisi, le plus souvent, par une citation directe, soit du ministère public, soit de la partie civile (art. 145 et 146), ou par une comparution volontaire sur simple avertissement (art. 147), quelquefois : par un renvoi du juge d'instruction ou de la chambre des mises en accusation, qui devra être également suivi d'une citation au prévenu.

Le tribunal de *police correctionnelle* est saisi, le

plus souvent, par une citation directe, soit du ministère public ou des administrations qui ont le droit de poursuitc (forêts, douanes, contributions indirectes, postes), soit de la partie civile, ou par un renvoi du juge d'nstruction ou de la *chambre des mises* en accusation (art. 182 à 184 et 130 et 230) suivi d'une assignation au prévenu (art. 132). Bien qu'il ne soit pas question de la comparution volontaire, la jurisprudence la considère comme saisissant régulièrement le tribunal.

Dans le cas de flagrant délit correctionnel, nous savons que le tribunal peut être saisi par une citation verbale et même sur-le-champ, sans l'observation des délais ordinaires pour comparaître.

La *cour d'assises* n'est saisie que par un arrêt de mise en accusation rendu par la chambre d'accusation.

—Extraordinairement ces trois juridictions peuvent se trouver saisies : par un arrêt de cassation renvoyant l'affaire devant une juridiction du même ordre ;—par un règlement de juges dans le cas de conflit entre plusieurs juridictions ;—par un arrêt de la cour de cassation ordonnant un renvoi pour cause de suspicion légitime ou de sûreté publique, ou fixant, dans le cas de crime ou de délit commis en pays étranger, une juridiction plus rapprochée du lieu du crime ou du délit (art. 6, C. I. cr., d'après la nouvelle loi de 1866); — par le fait même d'une infraction pénale commise à l'audience (art. 504 et suiv., C. I. cr.).

II. *Comparution de la personne poursuivie.*

Devant le tribunal de *simple police,* le prévenu peut se présenter en personne ou par un fondé de procuration spéciale (art. 152). S'il ne se présente pas, il est jugé par défaut (art. 149).

Devant le *tribunal correctionnel,* le prévenu comparaît en personne ; ou bien il peut se faire représenter par un avoué si le délit n'entraîne pas la peine d'emprisonnement (art. 185). S'il ne comparaît pas, il est jugé par défaut (art. 186).

Devant la *cour d'assises* l'accusé, par suite de la mise en accusation, se trouve toujours sous le coup d'une ordonnance de prise de corps décernée par la chambre d'accusation, et dès lors il est contraint de se présenter. Mais s'il s'était soustrait à toute poursuite, il serait, après une nouvelle mise en demeure, déclaré rebelle à loi (contumax, *contemnere,* mépriser) et jusqu'au jugement il serait suspendu de l'exercice de ses droits de citoyen, privé du droit d'agir en justice et ses biens seraient sequestrés et régis par l'administration des domaines. Il serait ensuite jugé par contumace.

Après le renvoi prononcé par la chambre d'accusation, le procureur général a dû rédiger un acte d'accusation qui a été signifié avec l'arrêt de renvoi à l'accusé. Celui-ci, dans les vingt-quatre heures de l'envoi des pièces au greffe et de son arrivée dans la maison de justice du lieu des assises, doit être interrogé par le président de la cour d'assises ou par le juge qu'il aura délégué (art. 241, 242, 293).

Il est interpellé de déclarer le choix qu'il aura fait d'un défenseur. S'il n'en a pas choisi, il lui en est nommé un d'office, à peine de nullité (art. 294, et 295). Il est, en outre, averti du droit qu'il a de former une demande en nullité et de se pourvoir en cassation, dans les cinq jours, contre l'arrêt de mise en accusation (art. 296 et 297). Après son interrogatoire, l'accusé peut communiquer avec son conseil, qui peut prendre connaissance de toutes les pièces de l'instruction (art. 302 et 305).

Au jour de l'ouverture des débats, l'accusé, qui est aux mains de la justice, comparaît libre, accompagné seulement des gardes pour l'empêcher de s'évader (art. 310).

§ II. — PROCÉDURE RELATIVE A L'EXAMEN ET AUX DÉBATS.

I. *Ouverture des débats*. — L'ouverture des débats n'a rien de particulier devant les tribunaux de simple police et de police correctionnelle. Après l'appel de la cause, il est immédiatement procédé à l'examen et à la discussion de l'affaire. Devant la cour d'assises : le président lit aux jurés la formule de l'art. 312, qui contient leur mission; il reçoit leur serment et, après la lecture de l'acte d'accusation par le greffier, il est également procédé à l'instruction et aux débats.

Nous nous bornons à mettre en évidence les points principaux de cette instruction qui se fait à l'audience.

II. *Publicité*. — En principe, les audiences devant les juridictions de jugement sont publiques à peine de nullité (art. 153, 190, C. I. cr., et L. du 20 avril 1810, art. 7). — Toutefois, le tribunal ou la cour peuvent ordonner le huis-clos pour les *débats*, s'ils jugent la publicité dangereuse pour l'ordre public et les mœurs (art. 87, C. Pr. civ.). Mais le prononcé du jugement ou de l'arrêt, ainsi que la lecture de l'acte d'accusation ou le résumé du président en cour d'assises, se font en public.

En outre, il est interdit de rendre compte des débats :

1° En cas de procès pour outrages ou injures, ou en cas de diffamation, lorsque la preuve des faits diffamatoires n'est pas admise par la loi (art. 11, loi du 27 juillet 1849) ;

2° Pour délits de presse (art. 17, D. du 17 février 1852) ;

3° Toutes les fois que le tribunal ou la cour en matière civile ou pénale l'auront formellement déclaré (id., D. du 17 février 1852).

Dans tous ces cas, les jugements ou arrêts peuvent être publiés.

III. *Divers modes de preuve* (153 à 158 ; 189 et 190 ; 315 à 334). — Les preuves admises devant les juridictions sont, en général, des preuves de conscience, c'est-à-dire de conviction personnelle (art. 342, C. I. cr.).

Les divers moyens de preuve sont :

L'*interrogatoire* du prévenu ou de l'accusé (art. 190). Bien que ce moyen ne soit indiqué que pour le tribunal correctionnel, il peut être employé devant le tribunal de simple police. Et il se pratique devant la cour d'assises en vertu du pouvoir discrétionnaire accordé au président et dont nous parlerons bientôt.

L'*aveu.* — L'aveu n'est qu'un moyen de former

la conviction, mais il n'entraîne pas nécessairement une déclaration de culpabilité. L'aveu peut
être un acte de désespoir ou de calcul.

L'enquête ou audition de témoins. — Ceux-ci
déposent oralement et en présence de la personne
poursuivie, à moins que le président ne juge à
propos de la faire retirer momentanément (art. 317
et 327), après prestation préalable du serment,
dont la formule varie suivant les juridictions et
qui est exigé à peine de nullité (art. 155 et 317).
Certains individus sont incapables de déposer en
justice, si ce n'est pour donner de simples renseignements, notamment ceux en état de dégradation
civique ou ceux à qui ce droit a pu être interdit
par les tribunaux correctionnels. — Les enfants
au-dessous de moins de quinze ans peuvent être
entendus par forme de déclaration et sans prestation de serment (art. 79). Quelques témoignages
sont exclus, notamment ceux de certains parents ou
alliés, sans que cependant il y ait nullité s'ils ont
été reçus sans opposition (art. 156, 189 et 322).
La sanction de la comparution des témoins est indiquée dans les articles 157 et 158, 354 et 355, 80
et 236 C. I. cr. En général, les témoins du ministère public et de la partie civile sont entendus
avant ceux du prévenu ou de l'accusé (art. 153,
190, 317, 321, 316 et 326).

Quelques règles relatives aux témoignages sont propres à la cour d'assises : là notification des témoins doit être faite vingt-quatre heures à l'avance par le procureur général et la partie civile à l'accusé et par l'accusé au procureur général ; la liste générale de ces témoins doit être lue à l'audience, au moment de l'ouverture des débats (art. 315).

Il est important de remarquer, à cette occasion, le pouvoir accordé au président de la cour d'assises, sous le nom de pouvoir *discrétionnaire*.

Ce pouvoir est indépendant de la police de l'audience (art. 267) et de la direction des débats (art. 267 et 270), que l'on retrouve devant toutes les juridictions. Il ne signifie pas pouvoir illimité et arbitraire, mais pouvoir dont le président ne doit user qu'avec discrétion et réserve. Ce pouvoir a pour objet tout ce qui peut être utile à la manifestation de la vérité (art. 268); il est, par conséquent, limité à tout ce qui touche aux éléments de preuve.

Les principales applications de ce pouvoir discrétionnaire sont : l'audition de toutes personnes et la lecture de toutes pièces (art. 269).

Les personnes entendues en vertu du pouvoir discrétionnaire ne prêtent point serment, et leur déclaration n'est considérée que comme simple renseignement. De ce qu'elles ne prêtent point serment, il suit qu'elles ne peuvent encourir les peines du faux témoignage (art. 361 et s.).

Les personnes qui seront ainsi entendues peuvent être des personnes dont le nom n'a pas été notifié aux parties (art. 315 et 321) ; — des individus âgés de moins de quinze ans ; — des individus dont le témoignage est écarté par suite de parenté, d'alliance ou de toute autre cause (art. 322).

Quant aux personnes dont le nom n'a pas été notifié, leur témoignage est reçu par cela seul qu'il n'y a pas d'opposition ; il n'est pas nécessaire, dans ce cas, du pouvoir discrétionnaire. Mais, si une opposition à leur audition a été faite et admise par la cour, le président peut ensuite les entendre, à titre de renseignements.

Quant aux personnes dont le témoignage est écarté par suite des liens de parenté ou d'alliance ou pour autre cause, il n'est pas nécessaire d'une opposition pour mettre obstacle à leur audition ; mais elles peuvent être entendues en vertu du pouvoir discrétionnaire du président.

C'est en vertu de ce même pouvoir que le président peut intervertir l'ordre des témoins établi par le procureur général et qu'il procède à l'interrogatoire de l'accusé.

En ce qui concerne la lecture de toutes pièces, la dérogation au droit commun consiste principalement dans le pouvoir accordé au président de lire les dépositions écrites de l'instruction préparatoire, quoique ces déclarations écrites ne soient pas remises au jury au moment où il va délibérer (art. 341).

— Nous ne dirons rien des autres éléments de preuves (examen des pièces ou objets de conviction, rapports d'experts, présomptions). Toutes ces preuves ne sont que des preuves de conscience, qui n'ont rien d'obligatoire pour les juges et les jurés, dont la décision ne se détermine que par une conviction personnelle.

Par exception, à l'égard de certaines contraventions de simple police et de police correctionnelle, certaines preuves s'imposent obligatoirement au juge.

Ces preuves résident dans les procès-verbaux dressés par certains agents.

Des procès-verbaux (1). — Parmi les procès-verbaux, les uns font foi jusqu'à inscription de faux; d'autres font foi jusqu'à preuve contraire; d'autres, enfin, ne servent que de simples renseignements.

---

(1) Le nom de procès-verbaux vient de ce qu'autrefois les rapports étaient faits *verbalement* devant le juge par des gens illettrés.

Devant le jury, tous les procès-verbaux ne sont que des éléments d'une conviction personnelle; ils ne servent jamais que de simples renseignements. Devant les tribunaux de simple police et de police correctionnelle, quelques-uns font foi jusqu'à inscription de faux; c'est lorsque la loi l'a formellement dit : tels sont les procès-verbaux des agents des douanes, des contributions indirectes, des octrois et même des eaux et forêts, qui sont faits par des agents spéciaux et assermentés, qui constatent des infractions matérielles, dans des lieux éloignés, et pour lesquelles le public est plus qu'indifférent. Ces procès-verbaux ne font foi que des faits que les agents ont pu constater *propriis sensibus*. Devant les mêmes tribunaux, d'autres procès-verbaux ne font foi que jusqu'à preuve contraire : tels sont ceux des garde-champêtres, garde-vignes, ou autres agents procédant régulièrement dans l'exercice de leur mission (art. 154); ces procès-verbaux ne peuvent-être débattus que par des preuves contraires, soit *écrites,* soit *testimoniales, si le tribunal juge à propos de les admettre.* Ces dernières expressions ne signifient pas que la preuve contraire est à la discrétion et au caprice du tribunal, mais seulement que le tribunal peut la rejeter s'il se croit suffisament éclairé.

Enfin, devant ces mêmes tribunaux, d'autres procès-verbaux ne servent que de simples renseignements : tels sont ceux des agents ou officiers de police qui n'ont pas de mission ou de délégation spéciale.

III. *Discussion et clôture des débats.* — C'est à l'accusation à prouver le délit reproché au prévenu ou à l'accusé. L'ordre logique de la discussion est donc celui-ci : la partie civile, puis le ministère public exposent leurs moyens et conclusions, ensuite le prévenu ou l'accusé est entendu dans ses moyens de défense. Dans le cas de répliques, il faut admettre que la défense a le droit de parler la dernière, aussi bien devant les tribunaux de simple police ou de police correctionnelle que devant la cour d'assises (art. 153, 190, 335 et 363).

Devant cette dernière cour, après la clôture des débats, le président résume l'affaire : il fait remarquer aux jurés les principales preuves pour ou contre l'accusé ; il leur rappelle leurs fonctions et leur pose les questions qu'ils auront à résoudre.

CHAPITRE II

Du jugement et des voies de recours contre les décisions pénales.

SECTION PREMIÈRE

Du jugement.

I. *Formation du jugement.* — La décision défini-tive du procès pénal se forme différemment, suivant qu'il s'agit du tribunal de simple police, ou de police correctionnelle, ou de la cour impériale, statuant sur l'appel des jugements correctionnels, ou qu'il s'agit, au contraire, de la cour d'assises.

Le tribunal de simple police n'étant composé que d'un juge unique, il ne peut y avoir de diffi-culté sur la formation du jugement. Celui-ci sera l'expression de la conviction personnelle de ce juge.

Le tribunal de police correctionnelle ne peut statuer, ainsi que nous l'avons dit, qu'au nombre de trois juges au moins. La chambre des appels de police correctionnelle à la cour impériale ne peut statuer qu'au nombre de cinq juges, de même que la chambre des mises en accusation, et à la différence de la chambre civile, pour laquelle on exige au minimum le nombre de sept juges. Quant à la cour de cassation, nous savons qu'au moins onze juges doivent prendre part à la décision.

En principe, dans tous les tribunaux ou cours composés de plusieurs juges, le jugement se forme à la majorité absolue. Toutefois, et sauf ce qui concerne la cour de cassation qui juge non les procès mais les jugements, il est admis en matière pénale que le partage de voix entre les juges doit profiter à l'accusé. C'est une application du principe de la présomption d'innocence qui protége le prévenu ou l'accusé ; il faut prouver contre lui ; or, en cas de partage, la preuve n'est pas faite.

Du jugement devant la cour d'assises. — La cour d'assises se compose, ainsi que nous l'avons vu, de deux éléments : le jury et la magistrature, appelée spécialement la cour. Le jury est juge de la culpabilité ou non culpabilité ; la cour est juge de l'application de la loi. Le jury se compose invariablement de douze jurés ; la magistrature se compose de trois juges, dont un président. La décision de cette dernière se forme conformément aux règles ordinaires.

Examinons comment se forme la décision du jury. Cette décision se forme différemment, suivant les questions qu'il doit résoudre.

C'est le président de la cour d'assises qui pose aux jurés les questions résultant de l'acte d'accusation ou des débats. S'il s'élevait un incident contentieux sur la position des questions, il faudrait un arrêt de la cour.

L'article 337 du Code d'instruction criminelle indique, en ces termes, comment la question doit être posée : « L'accusé est-il coupable d'avoir commis tel meurtre, tel vol ou tel autre crime avec toutes les circonstances comprises dans le résumé de l'acte d'accusation ? »

D'après cet article, le fait principal et toutes les circonstances qui pouvaient en modifier la criminalité devaient être réunis en une question générale et complexe. C'était un grand inconvénient. En effet, sur une question ainsi posée : Un tel est-il coupable d'avoir volontairement donné la mort à un tel avec préméditation, avec guet-apens ? ou d'avoir commis tel vol, avec escalade, avec effrac-

17

tion, sur un chemin public? il pouvait se faire que le jury fût convaincu que le meurtre ou le vol avait été commis, mais qu'il ne l'avait pas été avec l'une des circonstances indiquées et que, dominé par la manière dont la question lui était posée, il se bornât à dire non, sans avoir soin d'expliquer sa pensée en développant sa réponse. Ce système pouvait donc être un obstacle à ce qu'on connût parfaitement l'opinion du jury.

— La loi du 13 mai 1836 sur le mode de vote du jury au scrutin secret a fait cesser cet inconvénient en exigeant que le jury votât par bulletins écrits et par scrutins *distincts* et *successifs* sur les questions suivantes :

1° La question sur le *fait principal* avec tous les éléments constitutifs du crime ou du délit; ex. : un tel est-il coupable d'avoir volontairement donné la mort à un tel?

2° Les questions sur les *circonstances aggravantes* résultant, soit de l'acte d'accusation, soit des débats (art. 338). Chacune des circonstances aggravantes doit faire l'objet d'une question spéciale; ex. : a-t-il commis ce meurtre avec préméditation,—avec guet-apens?

3° Les questions sur les *excuses* résultant : soit de l'acte d'accusation, soit des débats, soit de conclusions formelles posées par l'accusé. Pour les excuses résultant des débats, il est laissé à l'appréciation du président de la cour de les poser ; les autres doivent être posées à peine de nullité (art. 339); ex. : l'accusé a-t-il été provoqué par des coups ou violences graves?

4° La question de *discernement,* pour le mineur de seize ans. Cette question doit être posée à peine de nullité, en ces termes : L'accusé a-t-il agi avec discernement (art. 340) ;

5° Toutes les questions *subsidiaires* que pourrait entraîner une modification des faits révélée par les débats; par exemple : s'il apparaissait qu'au lieu d'un meurtre, il y a eu des coups ou blessures ayant occasionné la mort, sans *intention* de la donner.

Quant aux *circonstances atténuantes,* elles ne font pas l'objet d'une question *écrite ;* le président de la cour doit seulement avertir le jury, à peine de nullité, que, s'il reconnaît en faveur de l'accusé des circonstance atténuantes, il doit le déclarer, et le chef du jury est tenu de poser la question dans la chambre des délibérations, lorsque la culpabilité a été reconnue. La raison pour laquelle les circonstances atténuantes ne font pas l'objet d'une question écrite, c'est qu'on a craint de provoquer l'indulgence du jury par la position d'une question et de l'exciter par l'obligation d'une

réponse écrite à admettre des circonstances atténuantes sans motifs solides; en outre, une réponse
négative écrite de sa part eût été en quelque sorte
une recommandation pour les juges d'appliquer la
peine avec sévérité ; c'eût été aggraver le sort de
l'accusé.

Après la remise des questions, les jurés se re-
tirent dans leur chambre pour y délibérer sous la
direction du *chef du jury,* qui n'est autre que le
premier juré sorti par le sort, ou celui qui sera désigné par eux et du consentement de ce dernier
(art. 342). Le chef des jurés leur lit préalablement
l'instruction, qui est, en outre, affichée dans leur
chambre, et de laquelle il ressort que la loi ne
leur demande qu'une *intime conviction.*

Le vote, précédé au besoin d'une discussion,
qui est de droit, a lieu ensuite au scrutin secret
(L. du 13 mai 1836).

D'après l'art. 347, depuis la loi du 9 juin 1853,
la décision du jury, tant *contre l'accusé* que sur les
circonstances atténuantes, se forme à la *majorité;*
et la déclaration du jury constate cette majorité,
sans que le nombre de voix puisse y être exprimé

En conséquence :

Sur la question principale, — sur les circonstances aggravantes ou sur la question de discernement pour le mineur de seize ans : s'il y a 6 bul-

letins *oui* et 6 bulletins *non*, le chef du jury écrit en marge : *Non;* s'il y a *plus de 6 oui*, le chef du jury écrira : *Oui, à la majorité.*

Sur les questions d'excuses : s'il y a 6 bulletins *oui* et 6 bulletins *non*, le chef du jury écrira : *Oui.* C'est une faveur pour l'accusé ; décider autrement, ce serait décider contre l'accusé ; — s'il y a plus de 6 bulletins *non*, il écrira : *Non, à la majorité.*

Pour les circonstances atténuantes : s'il y a 6 bulletins *oui* et 6 bulletins *non*, le chef du jury n'écrira rien, puisqu'il n'y a pas de question écrite, et, quand il viendra lire la déclaration du jury, il gardera le silence sur les circonstances atténuantes; s'il y a plus de 6 *oui*, le chef du jury déclarera : *A la majorité, il y a des circonstauces atténuantes.* La raison pour laquelle on exige pour la déclaration de circonstances atténuantes qu'il y ait majorité, à la différence de ce qui a lieu pour les excuses, c'est qu'on a craint que des circonstances atténuantes ne fussent trop facilement accordées; que la pénalité s'en trouvât énervée, surtout depuis que la loi de révision de 1832 a permis de déclarer des circonstances atténuantes pour *toutes* les infractions prévues par le Code pénal.

Les jurés étant rentrés dans l'auditoire, le chef

17.

du jury; sur l'invitation du président de la cour, lit la déclaration du jury qu'il signe et remet au président qui la signe également avec le greffier (art. 248 et 249).

Cette décision est ce qu'on appelle le *verdict* du jury (*vere dictum*).

Si la déclaration du jury est irrégulière, incomplète, ambiguë, ou même contradictoire, la cour peut ordonner que le jury se retirera pour la régulariser dans la salle de ses délibérations.

La cour peut, en outre, si elle estime que les jurés se sont trompés au fond, en déclarant l'accusé *coupable*, ordonner que l'affaire sera renvoyée à une autre session, pour être soumise à un nouveau jury (art. 352), sans qu'il soit besoin, comme autre- fois, de l'unanimité des juges (L. de 1853). Cette faculté accordée à la cour est une nouvelle preuve qu'elle peut tenir compte des faits et qu'elle n'a pas une pure mission de droit.

L'accusé est ensuite introduit et le greffier lit, en sa présence, la déclaration du jury (art. 357).

Cette lecture faite, la mission de la magistrature commence. Elle devra faire l'application de la loi pénale, en se conformant à la décision du jury, et statuer sur les dommages-intérêts respectivement réclamés.

II, *Diverses solutions du procès pénal*. — Le

procès pénal peut se terminer : soit par un acquittement, soit par une absolution, soit par une condamnation.

De l'acquittement et de l'absolution. — Un point commun à ces deux solutions, c'est qu'aucune peine n'est prononcée ; mais il y a entre elles les différences suivantes :

1° L'*acquittement* suppose la *non culpabilité.* — L'*absolution* suppose *la culpabilité ;* l'exemption de peine vient, ou de ce que le fait n'est pas prévu par la loi pénale, ou de ce qu'il y a une excuse absolutoire, ou de ce que l'action publique est reconnue épuisée ou éteinte ;

2° En cas d'*acquittement,* l'accusé n'est jamais condamné aux frais. — En cas d'*absolution,* la jurisprudence, malgré les termes des art. 162, 194 et 368, qui ne font aucune distinction, permet de condamner l'absous aux frais, au moins à titre de dommages-intérêts ;

3° En cour d'assises : l'*acquittement* est prononcé par *le président,* qui ordonne que l'accusé sera mis en liberté s'il n'est retenu pour autre cause (art. 358). — L'*absolution* exige, au contraire, *un arrêt de la cour* (art. 364). Cette différence s'explique facilement : l'acquittement, étant la conséquence d'une déclaration de non culpabilité émanée du jury, ne peut donner lieu à aucune difficulté, tandis que l'absolution suppose une question de droit, d'application de la loi. C'est pour cette raison qu'un arrêt de la cour devient nécessaire, lorsque le mineur de 16 ans a été déclaré avoir agi sans discernement; car, bien qu'il doive être acquitté, il peut être renvoyé jusqu'à l'âge de 20 ans dans une maison de correction;

4° *L'ordonnance d'acquittement* est *irrévocablement* acquise à l'accusé et ne peut donner lieu qu'à un pourvoi dans *l'intérêt de la loi* (art. 409). — L'arrêt d'absolution peut-être l'objet d'un *pourvoi utile, préjudiciable* à l'absous (art. 410).

L'article 360 a consacré l'irrévocabilité spéciale de l'acquittement en cour d'assises en ces termes : « Toute personne acquittée légalement, ne pourra plus être reprise ni accusée à raison du *même fait*. » C'est là une faveur exceptionnelle accordée à l'acquittement résultant d'une déclaration de non culpabilité émanée du jury. L'accusé, quels que soient les vices de la procédure, n'a plus à redouter un pourvoi en cassation pouvant lui nuire. L'accusation est définitivement purgée quant au fait qui a été l'objet des poursuites. Il est vrai que la jurisprudence décide que l'accusé peut être repris pour le même fait qualifié d'une autre façon. C'est ainsi qu'après un acquittement pour meurtre ou infanticide, l'acquitté est quelquefois traduit devant le tribunal correctionnel sous la prévention d'homicide par imprudence.

La jurisprudence se fonde sur ce que le fait ainsi qualifié n'ayant pas été l'objet, comme il aurait pu l'être, d'une question subsidiaire posée au jury, la déclaration de non culpabilité ne s'y applique point et qu'il s'agit d'une nouvelle infraction pénale à juger. Ce système est très-critiqué ; il consacre une méfiance contre le jury ; il interprète d'une manière étroite et subtile les mots : pour le *même fait* (comparer les art. 246, 360 et 361), et il tendrait, en définitive, à permettre aussi de poursuivre devant un autre jury le même fait envisagé sous un autre aspect légal.

Condamnation. — La condamnation peut avoir pour objet : soit une peine, soit des restitutions et des dommages-intérêts, soit des frais.

— La *peine* ne peut jamais être prononcée qu'en cas de culpabilité et pourvu qu'on ne soit pas dans un des cas d'absolution.

— Les *restitutions* s'appliquent : soit aux choses saisies par justice (art. 366 et 474), soit aux choses qui sont restées au pouvoir de la personne poursuivie (art. 52, 54 et 55). Pour les premières, la restitution peut en être ordonnée d'office : par la cour d'assises, dans tous les cas (art. 366), et par les tribunaux de simple police et de police correctionnelle, seulement en cas de condamnation pénale, sauf dans les autres cas, le droit de poursuite devant les tribunaux civils. Pour les secondes, il faut appliquer les règles relatives aux dommages-intérêts et décider que la restitution n'en peut être ordonnée que sur des conclusions formelles.

— Les *dommages-intérêts* ont pour but la réparation d'un préjudice. Ils ne peuvent être prononcés que sur des conclusions (art. 51, C. P.). Ils peuvent être dus : soit par la personne poursuivie envers la partie civile, soit par cette dernière ou par un dénonciateur envers la personne poursuivie à tort.

Nous savons que des dommages-intérêts peuvent être dus, non-seulement en cas de condamnation pénale, mais encore en cas d'absolution et même d'acquittement. La raison en est que le délit où quasi-délit du droit civil est indépendant du délit pénal, que la faute civile est distincte par les éléments qui la constituent de la faute pénale.

En traitant de la compétence, nous avons déjà dit que, dans tous les cas, quelle que soit la solution du procès pénal, la cour d'assises avait le pouvoir de statuer sur les dommages-intérêts (art. 366) ; qu'au contraire, en cas d'absolution ou d'acquittement, la jurisprudence décide que les tribunaux de simple police ou de police correctionnelle ne peuvent statuer que sur les dommages-intérêts réclamés par le *prévenu* (art. 159, 191 et 212).

— La condamnation *aux frais* est prononcée contre le prévenu ou la partie civile qui succombe (art. 162, 194 et 368). — Nous avons dit que, même en cas d'absolution, la jurisprudence permettait de condamner aux frais l'absous, du moins, lorsque le fait absolutoire n'empêchait pas les poursuites, comme l'excuse tirée de la dénonciation dans les crimes de fausse monnaie, de complot ou crimes attentatoires à la sûreté de l'État.

Dans certains cas exceptionnels, les frais devront rester aussi à la charge d'un individu acquitté. C'est ce qui arrivera : 1° pour le mineur de seize ans, reconnu coupable, mais acquitté pour avoir agi sans discernement; 2° pour le condamné par défaut qui, sur son opposition au jugement, aura été acquitté : dans ce cas, la condamnation aux frais du jugement par défaut et de l'opposition est facultative (art. 187); 3° pour le contumax qui après s'être représenté a été renvoyé de l'accusation : dans ce cas, la condamnation aux frais occasionnés par la contumace est obligatoire (art. 478).

Quant à la partie civile, elle est tenue envers le trésor, depuis un décret de 1811, des frais du procès pénal, soit qu'elle succombe ou non, sauf son recours contre le condamné et contre les personnes civilement responsables. Depuis la loi de révision de 1832, pour les affaires de cour d'assises, on exige que la partie civile ait succombé pour être tenue des frais envers le trésor (art. 368).

Il est de principe que, la partie publique succombant, l'État n'est jamais condamné à payer les frais faits par la personne poursuivie.

Nous rappelons, en terminant cette matière, que la nouvelle loi de 1867, abolitive de la contrainte par corps, ne la réserve, en matière pénale, qu'au profit de l'État, sans qu'il puisse l'exercer pour les frais (page 86).

SECTION II

Voies de recours contre les décisions pénales.

Les voies de recours en matière pénale, comme en matière civile, se distinguent en voies de recours *ordinaires* et voies de recours *extraordinaires*.

Les voies ordinaires sont : l'opposition, avec les règles relatives à la contumace, et l'appel. Elles ont pour but de faire juger de nouveau l'affaire.

Les voies extraordinaires sont : le pourvoi en cassation et le pourvoi en révision. Elles ont pour but de faire juger non les procès, mais les jugements.

§ I. — VOIES ORDINAIRES.

Opposition.

L'opposition est une voie de recours par laquelle un individu ayant fait défaut, en matière de simple police ou de police correctionnelle, s'adresse aux juges qui ont rendu la sentence et leur en demande la rétractation.

Cette voie de recours suppose qu'une défense contradictoire pouvait avoir lieu. Par conséquent, elle ne peut être exercée contre les décisions de l'instruction préparatoire, puisque celles-ci sont toujours rendues sans qu'il y ait défense contradictoire et hors la présence de l'inculpé.

L'opposition peut être formée :

Contre les jugements par défaut rendus par les tribunaux de simple police. Elle doit avoir lieu dans les trois jours de la signification de ces jugements (art. 151) ;

Contre les jugements par défaut rendus par les tribunaux de police correctionnelle. Le délai est de

18

cinq jours à partir de la signification faite au prévenu ou à son domicile. Toutefois, depuis la loi du 27 juin 1866, si la signification n'a pas été faite à personne ou s'il ne résulte pas d'actes d'exécution que le prévenu a eu connaissance du jugement, l'opposition sera recevable jusqu'à l'expiration des délais de la prescription de la peine (art. 187 et 188);

Contre les arrêts par défaut rendus sur l'appel par la cour impériale. Le délai est le même que celui fixé pour les jugements par défaut rendus par les tribunaux correctionnels (art. 208);

Contre les arrêts par défaut de la cour de cassation rendus sur un pourvoi du ministère public ou de la partie civile qui n'aurait pas été notifié au prévenu ou à l'accusé.

Le droit de former opposition appartient : à la partie poursuivie, aux personnes civilement responsables et à la partie civile pour ses intérêts civils, mais non au ministère public, puisqu'il ne fait pas défaut.

Règles particulières au cas de contumace.—Lorsque l'accusé ne se présente pas devant la cour d'assises, il est jugé par contumace : *sans jurés, sans défenseur,* sur la lecture de l'*instruction écrite* (468 à 470). Ce n'est pas à dire que le contumax, pas plus que celui qui fait défaut devant le tribunal de simple police ou de police correctionnelle, doive nécessairement être condamné. La cour pourrait le déclarer non coupable ; mais on s'est demandé si la cour, statuant ainsi sans jurés, pourrait, après l'avoir reconnu coupable, lui accorder le bénéfice des circonstances atténuantes. La jurisprudence, dominée par les textes des articles 341, C. I. cr., et 463, C. P., qui ne parlent que du jury, décide que la cour n'a pas ce pouvoir. L'opinion contraire, soutenue par M. Ortolan, nous semble en effet préférable. La cour, substituée au jury, doit être substituée à sa mission Le droit de décider de la culpabilité emporte le droit de la reconnaître telle qu'elle est, avec ses éléments d'aggravation ou d'atténuation.

— Nous avons dit déjà que jusqu'à l'arrêt le contumax, déclaré rebelle à la loi, était privé de l'exercice de ses droits de citoyen, du droit d'agir en justice et que ses biens étaient sequestrés (art. 465). Après l'arrêt contenant condamnation, ces déchéances sont maintenues. En outre, si le contumax est condamné à une peine criminelle, il est en état de dégradation civique pendant le délai de grâce de cinq ans ; et après ce délai, s'il a été condamné à une peine perpétuelle, il est, en outre, atteint de l'incapacité de disposer ou de recevoir par donation ou testament. Quant à l'interdiction légale, nous avons décidé qu'elle ne pouvait s'appliquer à un contumax, puisqu'elle n'a lieu que pendant la durée de la peine et que pour un contumax la peine principale ne dure pas, tant qu'elle n'est pas exécutoire.

Quoi qu'il en soit, la condamnation par contumace diffère sous plusieurs rapports de la condamnation par défaut prononcée par les juridictions de simple police ou de police correctionnelle :

1° Les jugements ou arrêts par défaut ne sont remis en question que par un acte d'opposition. — Les arrêts par contumace tombent, au contraire, de plein droit, par la comparution volontaire ou l'arrestation du contumax ;

2° Le délai de l'opposition est de trois jours ou de cinq jours à compter de la signification. — En cas de contumace, l'arrêt tombe par cela seul que le condamné se présente ou est arrêté dans le délai fixé pour la prescription de la peine.

Cette prescription de la peine est de vingt ans, de cinq ans ou de deux ans, suivant qu'il s'agit de crime, de délit ou de contravention. Dès que le contumax se présentera dans ces délais, l'arrêt de condamnation tombant de plein droit, il sera jugé de nouveau (art. 476). Après le délai de la prescription, les peines qui exigeaient une exécution matérielle seront prescrites ; mais celles qui con-

sistaient en déchéances ou incapacités continueront
de subsister.

Appel.

L'appel est une voie de recours par laquelle
une personne s'adresse à une juridiction supérieure
pour lui demander la réformation d'une décision.

L'appel peut être formé :

*Contre certaines ordonnances du juge d'instruc-
tion,* soit par le ministère public, soit par la partie
civile pour ses intérêts civils, soit par le prévenu :
pour refus de mise en liberté provisoire ou pour
incompétence. Il doit être fait dans les vingt-quatre
heures (art. 135). Cet appel est porté devant la
chambre des mises en accusation de la cour impériale.

La loi qualifie cet appel d'opposition ; mais c'est
à tort, car l'opposition suppose qu'il a pu y avoir
un débat contradictoire. Or les décisions de l'instruction préparatoire sont toujours rendues hors
la présence de l'inculpé.

Contre certains jugements de simple police. —
L'appel n'a lieu que contre les jugements qui prononcent un emprisonnement ou une condamnation à plus de 5 francs pour amende, restitutions
ou réparations civiles, mais non compris les frais

(art. 172). On décide que le droit d'appel est exclusivement dans l'intérêt du prévenu ou des personnes civilement responsables et que ni le ministère public ni la partie civile ne pourraient former un appel *à minima* pour obtenir une plus forte condamnation.

L'appel doit être formé dans le délai de dix jours à partir de la signification (art. 174). Il est porté devant le tribunal de police correctionnelle ;

Contre tous les jugements rendus en matière correctionnelle. — Le droit d'appeler appartient : 1° au prévenu ou aux personnes responsables ; 2° à la partie civile, quant à ses intérêts civils ; 3° au ministère public : soit au procureur impérial près le tribunal, soit au procureur général près la cour impériale ; 4° aux administrations investies de l'action publique, notamment à l'administration des forêts (art. 202).

L'appel se forme par une déclaration au greffe. Si le prévenu interjette appel sans que le ministère public ait formé lui-même un appel *à minima,* la peine ne peut être augmentée ; mais, à l'inverse, si le ministère public a formé appel, la juridiction d'appel, malgré le silence du prévenu, pourrait réduire la peine.

Le délai de l'appel pour toutes les parties, même pour le procureur impérial, est de dix jours

à partir de la prononciation du jugement ou de la
signification à la partie condamnée si le jugement
est par défaut. Par exception, ce délai est de deux
mois pour le procureur général près la cour impériale, sauf réduction à un mois à partir d'une
notification qui lui aurait été faite du jugement par
l'une des parties (art. 203 et 205).

L'appel se porte, dans tous les cas, depuis la
loi du 13 juin 1856, à la cour impériale, chambre
des appels de police correctionnelle (art. 201).
Autrefois, l'appel était porté : tantôt devant le tribunal, chef-lieu du département, tantôt devant le
tribunal du chef-lieu d'un département voisin, s'il
s'agissait d'un jugement rendu par un tribunal
chef-lieu de département, tantôt, enfin, devant la
cour impériale.

— Il n'y a jamais lieu à appel contre les arrêts
de la cour d'assises. Celle-ci statue toujours en
premier et dernier ressort ; le seul recours possible est un recours en cassation, ainsi que nous
l'expliquerons plus loin.

— Il faut remarquer qu'en matière pénale, à la
différence de ce qui a lieu en matière civile, non-
seulement l'acte même d'opposition ou d'appel est
suspensif de l'exécution, mais aussi le délai pour
exercer ces voies de recours (art. 173 et 203, et
sauf 135 § 11 et 188). — Par exception, d'après

l'article 206, modifié par la loi du 14 juillet 1865 sur la liberté provisoire, l'individu acquitté et qui était en état de détention préalable, doit être mis en liberté nonobstant l'appel interjeté. Avant cette loi de 1865, le prévenu acquitté n'était mis en liberté qu'après trois jours, s'il n'y avait pas eu toutefois d'appel du ministère public, de telle sorte que le simple délai d'appel était suspensif pendant trois jours. Désormais, ni le délai, ni même l'acte d'appel ne sont suspensifs.

§ II. — VOIES EXTRAORDINAIRES.

Les voies extraordinaires ont pour but de faire juger les jugements, les décisions pénales, afin d'obtenir leur cassation ou leur annulation. Nous avons dit qu'elles sont au nombre de deux : le pourvoi en cassation et le pourvoi en révision. Le premier est fondé sur une erreur de *droit*; l'autre, sur une erreur de *fait*.

Pourvois en cassation.

Les pourvois en cassation peuvent être formés : soit dans l'intérêt des parties, soit dans l'intérêt de la loi, soit sur l'ordre du ministre de la jus-

tice. Dans ce dernier cas, on les appelle spécialement pourvois en annulation.

I. *Pourvois dans l'intérêt des parties.*—Ces pourvois, appelés aussi pourvois utiles, sont ceux dont
le résultat peut nuire ou profiter aux parties. Ils ne
sont jamais formés que contre des décisions rendues
en *dernier ressort* et après l'expiration des délais
d'opposition si elles ont été prononcées par défaut.

On peut ainsi se pourvoir :

*Contre certaines ordonnances du juge d'instruc-
tion* (art. 34, 80, 81, 86) rendues exceptionnellement en dernier ressort ;

Contre les arrêts de la chambre d'accusation.
Parmi les causes ordinaires de nullité pour lesquelles un pourvoi peut être formé, il y en a qui
sont spéciales pour les arrêts de renvoi devant la
cour d'assises et qui sont soumises à des règles
particulières. Ces causes sont : l'incompétence, le
cas où le fait n'est pas déclaré crime par la loi,
celui où le ministère public n'a pas été entendu et
celui où l'arrêt n'aurait pas été rendu par le
nombre de juges fixé par la loi (art. 299). Le délai du pourvoi, dans ces quatre cas, est de cinq
jours, à partir de l'avertissement qui a dû être
donné par le président de la cour d'assises à l'accusé, et, si le pourvoi est formé tardivement, il
n'empêchera pas la cour d'assises de procéder

18.

aux débats et au jugement (art. 301 depuis la loi du 10 juin 1853);

Contre les jugements rendus en dernier ressort par le tribunal de simple police et contre ceux rendus sur l'*appel* par les *tribunaux correctionnels* (art. 177);

Contre les arrêts rendus sur l'appel des jugements de police correctionnelle (art. 216);

Contre les arrêts de cours d'assises portant condamnation (art. 408 et 410), ou même prononçant une *absolution* pour un fait non prévu par la loi pénale (art. 410). Lorsqu'au contraire, il y a acquittement légal, c'est-à-dire prononcé en vertu d'une déclaration de non culpabilité, l'ordonnance d'acquittement ne peut être l'objet d'un pourvoi utile (art. 407 à 414).

Sauf les particularités relatives aux pourvois contre les arrêts de la chambre d'accusation dans les quatre cas que nous avons indiqués, le délai de ces pourvois est habituellement de trois jours à partir de la prononciation de la décision (art. 373, exception : art. 374), et le pourvoi et même le délai du pourvoi sont suspensifs.

Le pourvoi se fait par déclaration au greffe. Les condamnés ne sont pas astreints à la consignation d'une amende en matière *criminelle* (art. 419 et 420).

Dans le cas où la cour de cassation rejette le pourvoi, la décision attaquée devient exécutoire. Si elle casse la décision, habituellement elle prononce le renvoi de l'affaire devant une autre juridiction du même ordre. Dans le cas où celle-ci jugerait comme la première juridiction et où sa décision serait attaquée de nouveau par les mêmes moyens, il y aurait lieu à un examen en audience solennelle de la cour de cassation, c'est-à-dire en présence des trois chambres réunies. La seconde juridiction de renvoi serait tenue de se conformer à la décision consacrée de nouveau par les chambres réunies de la cour de cassation. Par exception, la cour de cassation devrait casser la décision sans renvoi, si elle reconnaissait que le fait ne constitue pas une infraction à la loi pénale, ou qu'il y a prescription, amnistie, chose jugée.

II. *Pourvois dans l'intérêt de la loi.* — Ces pourvois sont ceux qui ne peuvent pas réagir sur les intérêts des parties, mais qui sont formés dans le but unique de donner satisfaction à la loi pour qu'elle soit mieux observée à l'avenir.

Ces pourvois peuvent être formés :

Contre les ordonnances d'acquittement : par le ministère public, partie au procès, dans le délai de vingt-quatre heures (art. 374 et 409);

Contre les arrêts ou jugements en dernier ressort :

lorsque les parties auraient négligé de se pourvoir dans le délai. Le procureur général près la cour de cassation peut alors d'office déférer la décision à la cour (art. 442).

III. *Pourvois en annulation sur l'ordre du ministre de la justice.* —Ces pourvois dont le caractère est extraordinaire émanent de l'initiative du gouvernement. Le procureur général près la cour de cassation doit recevoir l'ordre du ministre de la justice pour les former. Ces pourvois ont, du reste, quant à leur objet, une application très étendue. Ils peuvent être formés, soit contre des jugements en premier ou dernier ressort, même pendant les délais des pourvois utiles, soit contre des actes judiciaires n'ayant pas le caractère de jugement : par exemple, un acte illégal du juge d'instruction, du ministère public, du président des assises (art. 441).

L'annulation que prononcera la cour de cassation pourra réagir sur les intérêts des parties, toutes les fois que celles-ci n'auront pas un droit acquis.

Pourvois en révision.

Le pourvoi en révision est un recours ouvert, en certains cas exceptionnels, contre les jugements passés en force de chose jugée et fondée sur une erreur de *fait*.

Le recours en révision avait été supprimé par l'Assemblée constituante, comme violant le principe de l'autorité de la chose jugée.

Le Code d'instruction criminelle l'admit dans trois cas :

1° Lorsqu'après une condamnation pour homicide, des pièces étaient représentées propres à faire naître des indices suffisants sur l'existence de la prétendue victime de l'homicide ;

2° Lorsque deux accusés avaient été condamnés pour un même *crime* par deux arrêts différents et inconciliables ;

3° Lorsqu'après une condamnation d'un accusé, un ou plusieurs témoins à charge étaient poursuivis et condamnés pour faux témoignage.

Dans le premier cas seulement, le pourvoi en révision était admis après la mort du condamné. La cour de cassation était chargée de créer un curateur à la mémoire du condamné et, si la preuve de l'existence de la personne prétendue homicidée était faite, de casser l'arrêt et de décharger la mémoire du mort.

La nouvelle loi que vient de voter le Corps législatif, le 11 mai 1867, a modifié les art. 443 à 447 du Code d'instruction criminelle. Cette nou-

velle loi étend l'application de la révision et facilite l'exercice de cette voie de recours.

Ses deux grandes innovations sont les suivantes :

1° Elle permet la révision, dans les trois cas
indiqués plus haut, non-seulement après une condamnation pour crimes, mais aussi après une
condamnation pour délits de police correctionnelle prononçant un emprisonnement ou une interdiction totale ou partielle de l'exercice des
droits civiques, civils et de famille ;

2° La révision peut avoir lieu après la mort du
condamné, dans les trois cas où elle est admise.

D'après la nouvelle loi, le droit de demander la
révision appartient : 1° au ministre de la justice ;
2° au condamné ; 3° après la mort du condamné,
à son conjoint, à ses enfants, à ses parents, à ses
légataires universels ou à titre universel, à ceux
qui en ont reçu de lui la mission expresse.

Le droit de statuer sur les pourvois en révision
est accordé à la cour de cassation. Elle est saisie
par son procureur général, sur l'ordre que lui don-
nera le ministre de la justice, soit d'office, soit sur
la réclamation des parties. Sous le Code d'instruction criminelle, ce droit de réclamation des parties
et le devoir pour le ministre de déférer à cette réclamation n'étaient pas reconnus. Le ministre
seul avait l'initiative.

L'exécution des arrêts ou jugements dont la révision est demandée est de plein droit suspendue
sur l'ordre du ministre de la justice.

Lorsque l'affaire n'est pas en état, la cour de
cassation peut procéder directement ou par commissions rogatoires à l'instruction nécessaire pour
mettre en évidence la vérité.

L'affaire étant en état, deux hypothèses sont à
distinguer : ou la cour de cassation reconnaîtra
qu'il peut être procédé à de nouveaux débats con-
tradictoires ; ou elle constatera que ces nouveaux
débats sont impossibles, soit par suite de décès,
de contumace ou de défaut d'un ou de plusieurs
condamnés, soit par suite de la prescription de
l'action ou de la peine. Dans le premier cas, la
cour annulera les jugements ou arrêts et renverra
les accusés ou prévenus devant une nouvelle juridiction. Dans le second cas, la cour de cassation
statuera au fond, sans cassation préalable ni renvoi, en présence des parties civiles, s'il y en a, et
des curateurs nommés par elle à la mémoire de
chacun des morts ; et elle n'annulera, en définitive, que celle des condamnations qui avait été in-
justement rendue et déchargera, s'il y a lieu, la
mémoire des morts.

CHAPITRE III

De l'exécution.

(Art. 619 à 634, 635, 636, 639, 641, 642, C. I. cr.)

Lorsque le procès pénal s'est terminé par une condamnation, celle-ci peut donner naissance à deux droits : le droit d'exécution pénale pour la société et le droit d'exécution civile pour la partie lésée qui a obtenu réparation.

Ces droits d'exécution, de même que les droits d'action publique ou civile, peuvent se trouver *suspendus* ou *éteints* avant d'avoir été complètement exercés, c'est-à-dire *épuisés*.

Nous allons passer en revue les diverses causes de suspension ou d'extinction, soit du droit d'exécution pénale, soit du droit d'exécution civile.

I. — SUSPENSION DE L'EXERCICE DES DROITS D'EXÉCUTION
PÉNALE ET D'EXÉCUTION CIVILE.

I. *Suspension du droit d'exécution pénale*. —
Lorsque la condamnation est devenue irrévocable,
le droit d'exécuter la peine peut-être suspendu
par plusieurs causes, principalement : l'état de
démence, survenu chez le condamné et l'état de
grossesse d'une femme condamnée à la peine de
mort.

Démence du condamné.

L'état de démence du condamné n'est pas un
obstacle à l'exécution de toutes les peines. Il faut
distinguer, à cet égard, les peines corporelles et
les peines qui frappent le condamné dans ses
droits.

Quant aux peines corporelles, l'exécution en est
suspendue, car elle ne pourrait plus produire son
effet moral ni sur le condamné ni sur le public.

Quant aux peines qui frappent le condamné
dans ses droits relatifs : soit à son état et à sa capacité, soit à ses biens (confiscation, amende), comme
elles produisent leur effet de plein droit, immédia-

tement après la sentence devenue définitive, elles ne sont pas suspendues par l'état de démence survenu depuis. Le condamné s'est trouvé frappé des diverses déchéances résultant du jugement, l'État est devenu propriétaire des choses confisquées ou créancier de l'amende, sans qu'il y ait eu besoin d'une exécution matérielle. Il y a une sorte de dessaisine et de saisine légales.

Grossesse de la femme condamnée à la peine de mort.

L'état de grossesse d'une femme condamnée à mort est une cause de suspension de l'exécution de la peine. Cette suspension résulte textuellement de l'article 27 du Code pénal. Il est à regretter que le Code pénal n'ait pas reproduit une loi du 23 germinal an III, qui suspendait même la mise en jugement d'une femme enceinte accusée de crime capital. Si l'on tient avec raison à ce que l'enfant conçu vienne au monde et ne soit pas victime de la faute de la mère, pourquoi ne pas avoir favorisé la gestation, en évitant à la mère un accouchement sous la perspective de l'échafaud. La liberté de la défense peut elle-même être intéressée au sursis d'une mise en jugement.

— L'article 379 du Code d'instruction criminelle prévoit également une cause de suspension de l'exécution. Il s'agit du cas où, pendant les débats qui ont précédé l'arrêt de condamnation d'une cour d'assises, l'accusé a été inculpé sur d'autres crimes que ceux dont il a été accusé ; si ces crimes nouvellement manifestés méritent une peine plus grave que les premiers, ou si l'accusé a des complices en état d'arrestation, la cour ordonnera qu'il soit poursuivi à raison de ces nouveaux faits et le procureur général devra surseoir à l'exécution de l'arrêt qui a prononcé la première condamnation jusqu'à ce qu'il ait été statué sur le second procès.

II. *Suspension du droit d'exécution civile.* — Le droit d'exécution civile est complétement indépendant du droit d'exécution pénale ; aussi ne faut-il pas lui appliquer les causes de suspension dont nous venons de parler.

§ II. — EXTINCTION DES DROITS D'EXÉCUTION PÉNALE
OU D'EXÉCUTION CIVILE.

I. *Extinction du droit d'exécution pénale.* — Les mêmes événements qui peuvent amener l'extinction de l'action publique peuvent avoir aussi pour effet d'éteindre la peine ou le droit d'exécution pénale. Ces événements sont : la mort, la prescription, la remise ou abandon du droit.

Mort du condamné.

La mort du condamné ne permet plus d'exécuter les peines corporelles. Elle met également fin aux peines privatives de droits relatifs à l'état et à la capacité. — Mais quant aux peines privatives de droits relatifs aux biens, c'est-à-dire quant à la *confiscation* et à l'*amende,* la mort du condamné n'est pas un obstacle à l'exécution, et celle-ci peut se poursuivre contre les héritiers ; la raison en est que la sentence de condamnation a de plein droit transféré la propriété des choses confisquées ou attribué un droit de créance à l'amende. Ces droits ont été acquis du vivant du condamné ; ils n'affectent que son patrimoine, et l'exécution ne se poursuit plus que sur les biens composant ce patrimoine ; la mort du condamné est indifférente à l'exercice de ces droits préexistants.

Prescription.

(Art. 635, 636, 639, 641 à 643, C. I. cr.)

Ses motifs. — Le droit d'exécution pénale s'éteint par la prescription. Les motifs de cette prescription libératoire se déduisent, comme

ceux de la prescription de l'action publique,
des bases mêmes du droit de punir. Après un
certain temps écoulé, le besoin de l'exemple a
disparu ; l'utilité sociale n'exige plus l'exécution.
Le temps, du reste, a pu être une épreuve suffisante pour produire un amendement sur le condamné et rassurer la société contre de nouveaux
méfaits.

Peines prescriptibles. — Toutes les peines ne
sont pas susceptibles de s'éteindre par la prescription. Celles qui n'exigent aucune exécution matérielle sont à l'abri de ce mode d'extinction. Telles
sont les peines consistant dans des déchéances,
incapacités ou privations de droits. Quand même
le condamné aurait exercé les droits dont il a été
privé, il n'aurait pu recouvrer l'intégrité de son
état, car les droits relatifs à l'état des personnes
ne peuvent s'acquérir par prescription. La sentence de condamnation l'a frappé de déchéances,
qui se produisent d'elles-mêmes sans aucun besoin d'exécution ; elles affectent l'état et la personne civile du condamné, qui les subit malgré lui
et ne peut s'y soustraire.

Les peines corporelles et les peines relatives
aux biens (la confiscation et l'amende) étant soumises à une exécution matérielle sont, au contraire, susceptibles de la prescription libératoire.

L'inaction prolongée de la société autorise au profit du condamné ce moyen de libération.

C'est parce que l'idée de prescription libératoire réveille l'idée de droit d'exécution à éteindre, qu'il est plus exact de dire prescription du droit d'exécution pénale que de dire prescription de la peine.

Délais de la prescription. — Le temps de la prescription varie suivant qu'il s'agit de crimes, de délits ou de contraventions.

En matière criminelle, les peines se prescrivent par *vingt ans;* — en matière correctionnelle, par *cinq ans,* — et en matière de contraventions de police, par *deux ans.* C'est un délai double de celui exigé pour la prescription de l'action publique, excepté pour les délits dont les peines se prescrivent par cinq ans, tandis que l'action publique se prescrit par trois ans. — Nous pouvons remarquer qu'en matière *criminelle,* le condamné ne peut, après la prescription de sa peine, résider dans le département où résideraient la victime du crime ou ses héritiers directs et que le gouvernement peut même lui assigner un lieu de domicile (art. 635, C. I. cr.).

On comprend facilement que la durée de la prescription de la peine doive être plus longue que celle de la prescription de l'action. La solennité des débats, la publicité du jugement ou de l'arrêt de condamnation ont fait une impression et ont laissé des souvenirs plus durables dans le public. Le besoin de l'exemple doit se faire sentir plus longtemps.

Le délai de la prescription doit-il être fixé d'après la nature de la peine prononcée ou d'après la qualification du fait, telle qu'elle résulte de la sentence de condamnation? En indiquant les divers intérêts de distinguer les peines criminelles, correctionnelles et de police, nous nous sommes expliqué déjà sur ce point. Nous avons dit qu'il serait logique de s'attacher, pour cette détermination du délai, à la nature même de la peine prononcée qu'il s'agit de prescrire; mais les termes des articles 635, 636, 639, qui parlent de jugements ou arrêts rendus *en matière criminelle*, ou *correctionnelle*, ou *pour contraventions*, nous font penser, avec la jurisprudence, que c'est à la qualification du fait poursuivi, telle qu'elle a été constatée par la sentence, qu'il faut s'attacher. En conséquence, il ne faudrait pas tenir compte d'une réduction de peine motivée par l'admission d'une excuse ou d'une déclaration de circonstances atténuantes. C'est ainsi qu'il faudrait décider que les peines prononcées pour crimes contre un mineur de seize ans, reconnu avoir agi avec discernement (art. 67, C. P.), ne pourraient être prescrites que par vingt ans. Une telle solution nous semble confirmée par le texte même de l'article 635 du Code d'instruction criminelle, qui prévoit le cas d'*arrêts* ou de *jugements* rendus en matière criminelle. Or il est très-possible que, par cette expression de *jugements,* le législateur ait eu en vue non-seulement les décisions d'un conseil de guerre, mais aussi les jugements que sont appelés à rendre les tribunaux correctionnels dans le cas de l'article 68 du Code pénal, où il s'agit précisément d'un mineur de seize ans accusé d'avoir commis un crime.

Le moment à partir duquel commence la prescription devrait être celui où la peine est devenue exécutoire ; mais il résulte des dispositions des art. 635, 636 et 639 que la prescription court de la date des arrêts ou jugements rendus en dernier ressort, ou du jour où les jugements rendus en premier ressort ne pourront plus être attaqués par la voie de l'appel. Lorsqu'il y aura eu une condamnation par défaut ou par contumace, les condamnés ne pourront être admis à se présenter, après la prescription de la peine, pour purger leur défaut ou leur contumace (art. 641, C. inst. cr.). Lorsque la peine consiste dans la privation de liberté, la prescription, s'il y a eu évasion après

commencement d'exécution, ne court qu'à partir
de l'évasion pour le temps qui restait à courir.

Nous comparerons, en terminant, la prescription du droit d'action publique et la prescription
du droit d'exécution pénale.

Les caractères communs à l'une et à l'autre
prescription sont les suivants : toutes les deux
sont d'ordre public ; elles peuvent et doivent être
suppléées d'office par les juges. — Aucune cause
de suspension n'a été établie ni pour l'une ni pour
l'autre. — Dans le cas de plusieurs lois succes-
sives, on appliquerait à l'une et à l'autre la loi la
plus douce.

Les différences qui les séparent sont les suivantes : 1° l'action publique se prescrit par dix
ans, trois ans ou un an, suivant qu'il s'agit de
crimes, de délits ou de contraventions ; — le droit
d'exécution pénale se prescrit par vingt ans, cinq
ans ou deux ans, suivant les mêmes distinctions ;
— 2° l'action publique est interrompue par tout
acte d'instruction ou de poursuite, du moins pour
les crimes et les délits ; — le droit d'exécution pénale n'est interrompu que par des actes mêmes
d'exécution ; — 3° la prescription de l'action publique s'étend à toutes les conséquences que pouvait avoir le délit ; — la prescription du droit
d'exécution pénale ne s'applique qu'aux peines

19

corporelles, et aux peines de la confiscation et de l'amende, mais non aux peines entraînant des déchéances ou des incapacités ; — 4° le sort de l'action civile est subordonné, quant à la prescription, à celui de l'action publique ; — nous verrons, au contraire, que le droit d'exécution civile est indépendant, à ce point de vue, du droit d'exécution pénale.

Remise ou abandon du droit.

La remise du droit d'exécution pénale peut être plus ou moins étendue et elle s'appelle de divers noms. Il faut distinguer, en effet : l'amnistie, la grâce, la réhabilitation et le droit de transaction.

Amnistie. — L'amnistie, ainsi que nous l'avons dit à l'occasion de l'action publique, est la mise en oubli des faits. De même qu'elle peut s'appliquer à l'action publique ou aux poursuites déjà commencées, de même elle peut s'appliquer à la condamnation intervenue. Dans ce dernier cas, elle met à néant le jugement et fait tomber, par suite, tous les effets de la sentence.

Grâce. — La grâce est la remise, soit totale, soit partielle, du droit d'exécution des peines matérielles, c'est-à-dire de celles qui frappent le condamné, soit dans son corps, soit dans ses biens.

Sous le nom de remise partielle, nous comprenons également la commutation de peine.

Le droit de grâce et le droit d'amnistie avaient été abolis par l'Assemblée constituante pour tout crime poursuivi par voie de jurés. Ces droits ont été rétablis sous le Consulat et tous les deux appartiennent aujourd'hui au chef de l'État.

L'amnistie diffère de la grâce sous plusieurs rapports : 1° l'amnistie s'applique, soit à l'action publique ou aux poursuites commencées, soit au droit d'exécution ; — la grâce ne s'applique qu'au droit d'exécution des peines matérielles ; — 2° l'amnistie, même après condamnation, efface la sentence, puisqu'elle est la mise en oubli des faits ; — la grâce laisse subsister la condamnation, de telle sorte que celle-ci serait prise en considération pour l'application des peines de la récidive, si le gracié se rendait plus tard coupable d'une nouvelle infraction à la loi pénale ; — 3° l'amnistie relève de toutes les incapacités ; — la grâce n'est que la renonciation du droit d'exécution des peines matérielles, de telle sorte que les incapacités subsistent s'il n'y a pas réhabilitation ; — 4° l'amnistie est accordée par mesure collective ou générale, elle s'adresse plus aux faits qu'aux personnes ; — la grâce est une concession individuelle, elle constitue une faveur personnelle.

Réhabilitation (art. 619 à 634, C. I. cr.). — La réhabilitation (*rursùs habilis*, être de nouveau apte) est la restitution d'état du condamné, son rétablissement dans les droits dont il avait été privé par la condamnation. Elle est ainsi le complément de la grâce, qui ne s'applique qu'aux peines matérielle, tandis que la réhabilitation relève le condamné de toutes les déchéances ou incapacités de droit résultant de la sentence.

Autrefois, la réhabilitation était destinée aux peines de grand criminel qui étaient infamantes ; elle avait alors pour but non-seulement de restaurer le condamné dans ses droits, mais de lui enlever la note d'infamie résultant de la condamnation. Et de même que sous l'Assemblée constituante la dégradation civique était l'objet d'une proclamation publique et sacramentelle, de même la réhabilitation s'accomplissait avec solennité.

C'est sous l'empire de ces traditions que le Code d'instruction criminelle n'avait admis la réhabilitation que pour les peines criminelles que le Code pénal qualifie toutes d'infamantes.

Cependant plusieurs délits de police correctionnelle peuvent entraîner des déchéances ou incapacités, soit temporaires, soit perpétuelles. Les condamnés à des peines correctionnelles n'avaient pas l'espoir d'obtenir une restitution d'état. La loi du 3 juillet 1852 est venue combler cette lacune de notre législation et elle a permis la réhabilitation aussi bien pour les peines correctionnelles que pour les peines criminelles (1).

Cette même loi de 1852, modifiant les articles 619 et suivants du Code d'instruction criminelle, a déterminé les règles à suivre et les conditions à remplir pour obtenir le bénéfice de la réhabilitation.

La demande ne peut être formée qu'après cinq ans ou trois ans, suivant qu'il s'agit d'une peine criminelle ou correctionnelle. Elle est adressée au procureur impérial de l'arrondissement qui, après s'être fait délivrer des attestations sur l'état et la conduite du condamné, transmet son avis au procureur général. Celui-ci saisit la cour impériale qui donne son avis motivé ; et, en cas d'avis favorable, le procureur général transmet le dossier au ministre de la justice, et, sur le rapport de ce dernier, l'Empereur accorde ou non des lettres de réhabilitation.

La réhabilitation pénale diffère essentiellement

----

(1) Une loi du 19 mars 1864 a même étendu le bénéfice de la réhabilitation aux déchéances et incapacités résultant de la destitution prononcée contre les notaires, greffiers et officiers ministériels. Cette destitution entraîne, notamment, l'incapacité d'être électeur ou juré.

19.

de la réhabilitation commerciale; nous indiquons les différences les plus saillantes :

1° La première est une faveur, — la seconde constitue un droit pour le failli qui a désintéressé ses créanciers; 2° la réhabilitation pénale est accordée par le chef de l'État sur un simple avis de la cour impériale,— la réhabilitation commerciale résulte définitivement d'un arrêt de la cour impériale; 3° la première ne peut être prononcée après la mort du condamné, — la seconde peut être accordée après la mort du failli.

Il ne faut pas confondre la réhabilitation avec la révision, dont nous avons parlé précédemment;

1° La réhabilitation est une faveur qui, tout en maintenant la condamnation, efface les incapacités qu'elle avait produites; — la révision, telle qu'elle vient d'être étendue par la loi du 11 mai 1867, est une voie de recours extraordinaire contre l'arrêt ou le jugement, et qui tend à le faire disparaître à la suite d'un nouvel examen; 2° la réhabilitation est une faveur obtenue du chef de l'État; — la révision ne peut avoir lieu qu'à la suite d'un arrêt de la cour de cassation; 3° la réhabilitation peut être accordée pour déchéances ou incapacités résultant de toute peine criminelle ou correctionnelle; — la révision n'a lieu que dans les trois cas limitativement déterminés par le Code d'instruction criminelle et la nouvelle loi du 11 mai 1867 ; 4° la réhabilitation n'a plus d'objet après la mort du condamné ; — la révision peut toujours, depuis la nouvelle loi de 1867, être faite après la mort du condamné.

Transaction. — Certaines administrations, celles des douanes, des contributions indirectes, des forêts, des postes, peuvent transiger à l'occasion de leurs intérêts pécuniaires, à la suite d'une condamnation pénale. — Nous rattachons à la même idée le pouvoir du mari d'arrêter, en consentant à reprendre sa femme, l'effet d'une condamnation prononcée contre celle-ci pour cause d'adultère.

Des cas de remise ou abandon du droit d'exécution se trouvent formellement consacrés par la loi elle-même dans les articles 247 et 273 du Code pénal.

II. *Extinction du droit d'exécution civile*. — Le droit d'exécution civile est complètement indépendant du droit d'exécution pénale. Ni la mort du condamné, ni la prescription de la peine, ni la remise ou abandon du droit d'exécution pénale, ne peuvent mettre obstacle à ce que la partie au profit de laquelle des condamnations civiles ont été prononcées exerce son droit conformément aux règles du Code Napoléon. L'article 642 du Code d'instruction criminelle fait particulièrement l'application de ces principes à la prescription. Cette disposition doit être généralisée et doit s'étendre à tous les modes d'extinction du droit d'exécution pénale.

FIN.

PRINCIPALES QUESTIONS D'EXAMEN

INTRODUCTION.

Quelles sont les deux ordonnances les plus remarquables, dans l'ancien droit, sur la procédure criminelle? v. — Quelles sont les lois de l'Assemblée constituante sur le droit pénal? vii. — Quel est le Code qui a immédiatement précédé la législation de l'Empire? viii. — Quand nos Codes d'instruction criminelle et pénal ont-ils été déclarés exécutoires? x. — Quelles sont les grandes innovations de la loi de révision de 1832? xiii.

CODE PÉNAL

DISPOSITIONS PRÉLIMINAIRES.

DÉLITS ET CLASSIFICATIONS DES DÉLITS.

Quelles sont les diverses acceptions du mot délit en droit pénal? 2. — En quoi le délit pénal se distingue-t-il du délit ou quasi-délit du droit civil? 3, 5.—Quelle est la division des délits adoptée par notre Code pénal? 8. — Comment justifier que la gravité de la peine ait servi à déduire la gravité du délit ? 10. — Quels sont les principaux cas où il y a intérêt à distinguer les crimes, les délits et les contraventions ? 11. — Qu'est-ce qu'un délit d'action ? un délit d'inaction ? Exemples, 16. — Qu'entend-on par délit, par opposition à contravention ? Exemples, 17. — Quels sont les divers points de vue sous lesquels on peut distinguer les délits ordinaires et les délits spéciaux ? 20. — Que signifie l'art. 5 du Code pénal ? 23. — Quel intérêt y a-t-il à distinguer les délits militaires des délits non militaires ? 25. — Qu'est-ce qu'un délit politique ? 26. — Quel intérêt y a-t-il à distinguer les délits politiques et les délits non politiques ? 27. — Qu'est-ce qu'un délit instantané, par opposition à un délit continu ? Exemples, 28. — Quel est l'intérêt de distinguer ces deux sortes de délits ? 31. — Qu'est-ce qu'un délit simple, par opposition à un délit d'habitude ? Exemples, 32. — Quel est l'intérêt de la distinction ? 33. — Qu'entend-on par délits flagrants ou non flagrants ? 33. — Quel est l'intérêt de cette distinction ? 34.

TENTATIVE.

En quoi consiste la tentative ? 39 et 41. — Qu'entend-on par délit manqué ? 40. — Quelle différence y a-t-il entre le délit manqué et le délit impossible ? 43. — Pourquoi la tentative suspendue par la volonté de l'agent n'est-elle pas punissable ? 43. — L'assimilation de la tentative de *crime* au crime consommé n'est-elle pas trop rigoureuse ? Quelle en est l'origine historique ? 44. — Indiquer quelques exceptions au principe de cette assimilation, 45. — Pourquoi la tentative de *délit* n'est-elle pas, en général, punissable ? Dans quels cas, par exception, est elle punie comme le délit même ? 46. — La tentative de contravention de police est-elle punissable ? 47.

NON RÉTROACTIVITÉ.

Dans quels cas la loi pénale aura-t-elle un effet rétroactif? 50. — Quels arguments, soit de raison, soit de textes, peuvent justifier la rétroactivité? 50. — Comment expliquer qu'une peine puisse être appliquée à des faits non spécialement prévus par le législateur, notamment aux contraventions à la police générale ou locale? 52.

LIVRE PREMIER

PEINES. — CLASSIFICATIONS DES PEINES.

Qu'est-ce que la peine? 57. — Quelles sont les principales qualités que doivent avoir les peines? 58. — Comment notre Code a-t-il divisé les peines? 59. — En quoi sont vicieuses les qualifications d'afflictives ou d'infamantes données aux peines *criminelles?* 60. — Quelles sont les peines criminelles à la fois afflictives et infamantes? Quelles sont les peines infamantes seulement? 61. — Quel est le mode d'exécution de la peine des travaux forcés depuis la loi du 30 mai 1854? 64. — Dans quel but a été introduite, en 1850, la déportation dans une enceinte fortifiée? 67. — Quelles différences y a-t-il entre la déportation, soit simple, soit dans une enceinte fortifiée, et la transportation pour l'exécution des travaux forcés? 68. — Quelles différences y a-t-il entre la réclusion et la détention? 71. — Quelles différences y a-t-il entre le bannissement et la déportation? 72. — En quoi consiste la dégradation civique? 73. — Quelles sont les peines exclusivement applicables aux matières de police correctionnelle? 75. — Quelle est la peine exclusivement applicable aux matières de simple police? En quoi l'emprisonnement de simple police diffère-t-il de l'emprisonnement de police correctionnelle ? 78. — Quelles sont les peines communes aux matières criminelles et correctionnelles ? 78. — En quoi consistait la surveillance de la haute police sous le Code de 1810 et sous la loi de révision de 1832 ? Quels étaient les inconvénients de ces deux législations ? 79. — Comment s'exécute-t-elle depuis le décret du 8 décembre 1851 ? 80. — Quels ont été, à ces diverses époques, les moyens de sanction de l'exécution de cette peine ? 80. — Quelles sont les peines communes aux trois catégories d'infractions à la loi pénale ? 82. — Quand la confiscation générale a-t-elle été abolie ? 82. — A quels objets peut s'appliquer la confiscation spéciale ? Exemples, 83. — Que deviennent les objets confisqués ? 84. — Au profit de qui l'amende peut-elle être prononcée ? Quelles différences y a-t-il entre les amendées prononcées pour les diverses infractions à la loi pénale ? 85. — Quelles différences y a-t-il entre l'amende, les restitutions, réparations et frais ? Est-il rationnel d'avoir établi la solidarité pour l'amende en matière criminelle et correctionnelle ? 86. — Quels sont les principaux cas où il y a intérêt pratique à distinguer les peines criminelles, correctionnelles et de police ? 87. — Qu'entend-on par peines principales et par peines accessoires ? — Quelles sont les peines principales ? — Quelles sont les peines accessoires ? 91. — De quelles peines résulte l'incapacité de disposer ou de recevoir par donation ou testament ? — Quelles sont les peines qui entraînent l'interdiction légale ? 92. — En quoi l'interdiction de certains droits civiques, civils ou de famille, diffère-t-elle de la dégradation civique ? 92 en note. — Quelles sont les peines qui fonctionnent habituellement comme accessoires et quelquefois comme principales ? — Quelles sont les peines qui entraînent la dégradation civique ? 93. — Quelles sont celles qui entraînent de plein droit la surveillance de la haute police ? 93. — Dans quels cas les juges doivent-ils ou peuvent-ils la prononcer? 94. — Quelles sont les peines perpétuelles? Par quelles déchéances ou incapacités a été remplacée, en 1854, la mort civile qui les accompagnait? 94. — Quelles sont les peines temporaires et quelle est la durée de chacune d'elles? 96. — Quel intérêt y a-t-il à savoir si l'emprisonnement a été prononcé pour *plus* d'une année? 96 en note. — Quelles sont les peines qui fonctionnent tantôt comme perpétuelles, tantôt comme temporaires? 97. — Quelles différences y a-t-il entre l'interdit légal et l'interdit judiciaire? 97 en note. — A partir de quel moment commence la durée des peines temporaires? — Quelle est l'exception faite pour l'emprisonnement de police correctionnelle, et quel en est le motif? 99. — Quelles sont les peines de droit commun et les peines de l'ordre politique? — Quel est l'intérêt de cette distinction? 101.

CUMUL ET RÉCIDIVE.

Qu'est-ce que le cumul de délits? — Quelle différence y a-t-il entre le cumul et la récidive? 102. — Quelle est la règle de pénalité du cumul de crimes ou de délits? 103. — Quelle est celle du cumul de contraventions de simple police? 104. — Sur quels motifs est fondée l'aggravation résultant de la récidive? Toute récidive donne-t-elle lieu à une aggravation légale? 105. — En matière de crimes et de délits pourquoi est-ce à la peine prononcée et non à la qualification du fait poursuivi qu'il faut s'attacher? 106. — Quel est le système d'aggravation d'une peine criminelle à une peine criminelle? 107. — Quel est l'effet de la récidive d'une peine criminelle à une peine correctionnelle pour crime ou délit? 108. — Pourquoi n'y a-t-il pas aggravation légale pour récidive d'une peine correctionnelle à une peine criminelle? 108, 109. — A quelle

20

LIVRE II

CULPABILITÉ OU NON CULPABILITÉ.

FAITS CONSTITUTIFS ET CIRCONSTANCES AGGRAVANTES.

EXCUSES ET CIRCONSTANCES ATTÉNUANTES.

COMPLICITÉ.

dive chez l'auteur produira-t-elle son effet sur le complice ?
L'atténuation par suite de la minorité de seize ans de
l'auteur profitera-t-elle au complice ? 176. — Quant aux
circonstances affectant la criminalité même du fait y a-t-il
à distinguer, pour en étendre l'effet au complice, entre les
circonstances matérielles et celles qui tiennent à une qualité personnelle chez l'auteur ? 177. — Est-il nécessaire,
pour que le complice subisse l'effet des circonstances aggravantes, qu'il les ait connues ? 179. — Quel est l'intérêt
pratique de distinguer l'auteur du complice ? 179. — Quels
sont les cas assimilés par la loi à la complicité ? 180 et 181.
— Pourquoi le recéleur a-t-il été assimilé au complice ?
N'y a-t-il que le recel de choses volées qui soit assimilé à
la complicité ? 182. — Applique-t-on au recéleur la règle
que le complice est puni de la même peine que l'auteur ?
Quid de la peine de mort ? 183. — *Quid* des travaux
forcés à perpétuité ou de la déportation ? 183. — *Quid* des
peines temporaires ? 184. — Quelle différence y a-t-il entre
la complicité et la connexité ? — Quels sont les divers effets
que peut produire la connexité ?

CODE D'INSTRUCTION CRIMINELLE

D'où vient l'expression inexacte d'instruction criminelle
donnée au Code qui aurait dû être appelé Code de procédure pénale ? 187.

DISPOSITIONS PRÉLIMINAIRES.

ACTION PUBLIQUE ET ACTION CIVILE.

Quel est l'objet de l'action publique ou de l'action civile ?

190. — Quels sont les principaux cas où l'action publique est subordonnée à certaines conditions? 192. — Quels sont les divers cas où une plainte est nécessaire pour donner ouverture à l'action publique? 194. — Quelles sont les causes de suspension de l'action publique? 195. — Quel est leur effet sur l'action civile? 198. — Quelles sont les causes d'extinction de l'action publique? 199. — Quelle est la nature de la prescription en droit pénal? 200. — Sur quels motifs est fondée la prescription de l'action publique? 201. — Par quel [laps de temps a lieu cette prescription? 201. — Est-ce à la qualification de la poursuite ou au caractère légal du fait reconnu qu'il faut s'attacher pour déterminer le laps de temps? 202. — Comment la prescription de l'action publique est-elle interrompue? — Pourquoi les actes de poursuite ou d'instruction même dirigés contre un innocent sont-ils interruptifs? 205. — Quelle différence y a-t-il, au point de vue de l'interruption, entre les crimes et les délits, d'une part, et les contraventions de police, d'autre part? 205. — Quelles différences séparent la prescription du Code Napoléon de la prescription du droit pénal? 206. — Dans quels cas y a-t-il remise de l'action publique? 207. — Les causes d'extinction de l'action publique s'appliquent-elles toutes à l'action civile? 209. — Comment expliquer que l'action civile soit subordonnée à l'action publique pour la prescription? 209.

DÉLITS COMMIS SUR LE TERRITOIRE OU HORS LE TERRITOIRE.

En vertu de quelle règle les délits commis sur le territoire sont-ils punissables en France? 212. — Lorsqu'un délit a été commis en pays étranger, à quelles conditions est-il punissable en France si le coupable est un Français? Quelles étaient les distinctions faites par le Code? 213. — Quelles sont les innovations de la loi du 27 juin 1866? 216 et 219. — Dans quels cas l'étranger, pour un délit

20.

commis hors du territoire, peut-il être poursuivi et jugé en France ? 219.

LIVRE PREMIER

POLICE JUDICIAIRE.

Quel est le but de la police judiciaire par opposition à la police administrative ? 220. — Quels sont les caractères de l'instruction préparatoire ? 222. — Est-elle toujours employée ? 223. — Quels sont les principaux officiers de police judiciaire ? 224. — Quelles sont les différences générales de leurs attributions respectives ? 225. — Quels sont les divers moyens à l'aide desquels l'autorité a connaissance d'une infraction pénale ? 228. — Quelle différence y a-t-il entre la plainte et la constitution de partie civile ? 230. — Quel intérêt la partie civile a-t-elle à se désister dans les vingt-quatre heures ? 231.

INSTRUCTION PRÉPARATOIRE.

Dans les cas ordinaires quels sont les rôles respectifs du juge d'instruction et du procureur impérial ? 233. — Quelles sont les trois autorités compétentes pour l'instruction ? 234. — Laquelle doit avoir la préférence ? 235. — Quels sont les divers moyens de l'instruction préparatoire ? 236. — Qu'est-ce que le mandat de comparution ? Le mandat d'amener ? Dans quels cas, sous le Code, le juge d'instruction devait-il délivrer un mandat d'amener ? *Quid* depuis la loi de 1865 ? 239 et 240. — Quelles sont les ressemblances et quelles sont les différences entre le mandat de dépôt et le mandat d'arrêt ? 241, 242. — Quand l'inculpé pouvait-il, sous le Code, obtenir la liberté provisoire sous caution ? 243. — Quelles sont les innovations de la loi de 1865 sur la liberté provisoire ? 243. — Que garantit le cautionnement et en quoi consiste-t-il? 244. — Comment peut cesser la liberté provisoire? 245. — En cas de crimes flagrants ou de réquisition d'un chef de maison, quelles sont les modifications aux règles ordinaires de l'instruction? 246, 247. — Quel est le but de la loi du 20 mai 1863 sur les flagrants délits correctionnels? 248. — Pourquoi la chambre du conseil a-t-elle été supprimée en 1856? 251. — Quelle peut être l'issue de la procédure préparatoire? 252.

LIVRE II

ORGANISATION DES JURIDICTIONS PÉNALES.

De quelle époque date notre organisation judiciaire? 257. — Quelles sont les juridictions d'instruction? 257. — Qui statuait sur la mise en accusation avant la création de la chambre des mises en accusation? 259. — Quelles sont les juridictions de jugement? 259 et suiv. — Par qui est exercée la juridiction de simple police? 260. — La juridiction de police correctionnelle? 261.

COUR D'ASSISES.

Quels sont les deux éléments dont se compose la cour d'assises? 262. — Qui fixe habituellement le jour de l'ouverture des assises? 262. — Quels sont les magistrats qui composent la cour? 263. — Qui les nomme? 264. — Qu'est-ce que le jury? 264. — Quelles sont les conditions générales exigées pour être juré? 265. — Comment se forme le jury? 266. — Qui prépare la liste annuelle et qui l'arrête définitivement? De combien de membres se compose-t-elle? 267. — Comment s'obtient la liste de session? Combien de jurés comprend-elle? 267. — Par quel procédé arrive-t-on à former la liste de chaque affaire, c'est-à-dire la liste des douze membres devant former le jury de jugement? 268. — Quelles sont les trois chambres dont se compose la cour de cassation? 269. — Par qui sont exercées les fonctions du ministère public près les différentes juridictions de jugement? 270.

COMPÉTENCE DES JURIDICTIONS PÉNALES.

Quelle est la compétence des juridictions d'instruction? 271. — Sur quelles infractions statue le tribunal de simple police? 272. — Quelle est la compétence du tribunal de police correctionnelle? 272. — Quelle est celle de la cour impériale? 273. — Quelle est la compétence de la cour d'assises? 273. — Quelle est la mission du jury; quelle est celle de la magistrature? 274. — Est-il exact de dire que le jury statue sur une question de fait et la magistrature sur une question de droit? 274. — Si devant la cour d'assises le fait a perdu son caractère de gravité et n'est plus qu'un délit ou une contravention, la cour est-elle compétente pour appliquer la peine? *Quid* du tribunal correctionnel reconnaissant que le fait n'est qu'une contravention? 275. — En cas d'acquittement ou d'absolution, la juridiction saisie est-elle compétente pour statuer sur les dommages-intérêts? 276. — Quelle est la compétence de la cour de cassation? 277.

PROCÉDURE DEVANT LES JURIDICTIONS DE JUGEMENT.

Comment sont saisies les juridictions de jugement? 279, et particulièrement la cour d'assises? 280. — Devant le tribunal de simple police le prévenu peut-il se faire représenter? *Quid* devant le tribunal correctionnel? Quelle est la sanction de la représentation de l'accusé devant la cour d'assises? 281. — Quelles sont les restrictions au principe de la publicité des audiences ou au compte-rendu des débats ? 283. — Quelle est la nature des preuves admises devant les juridictions de jugement ? 284. — Quels sont les divers modes de preuve ? 284. — Qu'entend-on par le pouvoir discrétionnaire du président de la cour d'assises ? 286. — Quelles sont les principales applications de ce pouvoir ? 286. — Quelles différences y a-t-il entre les témoins et les personnes entendues en vertu du pouvoir discrétionnaire ? 286. — Quelles sont les personnes dont la déclaration peut être reçue en vertu du pouvoir discrétionnaire ? 287.—Quelle est la force probante des procès-verbaux des différents officiers de police ou agents ? 288. — Pourquoi les procès-verbaux de certains agents font-ils foi jusqu'à inscription de faux ? 289. — Par quels moyens la preuve contraire peut-elle être faite ? — Le tribunal peut-il arbitrairement la rejeter ? 289.

JUGEMENT.

Devant le tribunal correctionnel quel est le nombre de juges devant prendre part à la décision ? 292. — Devant la cour impériale, ce nombre est-il le même dans les trois chambres ? *Quid* devant la cour de cassation ? Comment, devant ces juridictions, se forme le jugement ? 292. — Qui pose les questions au jury ? Dans quels cas faudrait-il un arrêt de la cour ? 293. — Applique-t-on encore l'art. 337 du Code d'instruction criminelle ? 293. — Quel en était l'inconvénient et quelle est la loi qui l'a fait disparaître ? 294. — Quelles sont les questions diverses posées au jury ? 294. — Pourquoi les circonstances atténuantes ne sont-elles pas l'objet d'une question écrite ? Quel est, à cet égard, la mission du président de la cour et du chef du jury ? 295. — Qui est chef du jury ? 296. — Comment se forme la décision du jury ? 296. — Pourquoi la loi exige-t-elle la majorité pour les circonstances atténuantes ? 297. — Dans le cas où le jury a déclaré l'accusé coupable, quel est le pouvoir accordé à la cour? 298. — Quelles peuvent être les différentes solutions du procès pénal? 299. — Quelles différences y a-t-il entre l'acquittement et l'absolution? 299. — Que signifie la règle de l'art. 360 Code instruction criminelle? 300. — Quel peut être l'objet de la condamnation? 301. — Comment expliquer qu'après un acquittement ou une absolution des dommages-intérêts puissent être dûs? 302. — La juridiction qui absout ou acquitte sera-t-elle toujours compétente pour statuer sur les dommages-intérêts? 302 et 276.

VOIES DE RECOURS CONTRE LES DÉCISIONS PÉNALES.

Quelles sont les voies ordinaires et les voies extraordinaires de recours contre les décisions pénales? 304. — Quelles différences y a-t-il entre ces deux voies de recours? 305. — Contre quelles décisions peut-on recourir par la voie de l'opposition? 305. — Comment le contumace est-il jugé devant la cour d'assises? 306. — Quelles différences y a-t-il entre les jugements par défaut et les arrêts de contumace? 308. — Contre quelles décisions peut-on former appel? Pourquoi l'expression d'opposition est-elle inexacte en ce qui concerne les ordonnances du juge d'instruction? 309. — L'appel peut-il être formé contre tous les jugements de simple police? Peut-il l'être contre tous les jugements correctionnels? 310. — Qui a le droit d'appeler de ces derniers jugements? Quelle différence y a-t-il, au point de vue du délai d'appel, entre le procureur général et les autres parties? 310. — Quelle est la juridiction qui, depuis 1856, statue dans tous les cas sur l'appel des jugements des tribunaux correctionnels? 311. — Quel est l'effet de l'opposition ou de l'appel et même du délai de l'opposition ou de l'appel? 311. — Depuis 1865 l'appel du ministère public

suspend-il la mise en liberté d'un individu acquitté ? 312.
— Quelle différence y a-t-il entre le pourvoi en cassation
et le pourvoi en révision ? Combien distingue-t-on de
sortes de pourvois en cassation ? 312. — Quels sont les
quatre cas où le pourvoi contre un arrêt de la chambre
des mises en accusation est soumis à des règles particulières ? 313. — Quels sont les arrêts de cours d'assises qui
peuvent être l'objet d'un pourvoi utile ? 314. — Quel est
le délai habituel du pourvoi en cassation ? Quel est son effet
et comment se forme-t-il ? 314. — Quel peut être le résultat du pourvoi ? 315. — Quels sont les cas dans lesquels on
forme un pourvoi dans l'intérêt de la loi ? 315. — Qu'est-ce
que le pourvoi en annulation ? 316. — Quels sont les trois
cas où un pourvoi en révision est admis ? 317. — Quelles
sont les principales innovations de la loi du 11 mai 1867 ?
318.

DE L'EXÉCUTION.

Quelles sont les causes qui peuvent suspendre le droit
d'exécution pénale ? 321. — Affectent-elles le droit d'exécution civile ? 323. — Comment s'éteint le droit d'exécution
pénale ? 323. — Quelles sont les peines qui ne sont pas
éteintes par la mort du condamné ? 324. — Quels sont les
motifs de la prescription du droit d'exécution ? 324. —
Toutes les peines sont-elles prescriptibles ? 325. — Par quel
laps de temps s'accomplit la prescription ? 326. — Est-ce à
la peine prononcée qu'il faut s'attacher ou à la qualification
légale du fait ? 327. — Quel est le point de départ de la
prescription ? 328. — Quelles sont les ressemblances et les
différences entre la prescription du droit d'action publique
et la prescription du droit d'exécution pénale ? 329. —
Quelles différences y a-t-il entre la grâce et l'amnistie ?
331. — Quel est le but de la réhabilitation ? 332. — A
quelles condamnations peut-elle s'appliquer depuis 1852 ?

333. — Comment se demande et s'obtient la réhabilitation ?
333. — Quelles différences y a-t-il entre la réhabilitation pénale et la réhabilitation commerciale ? 334. — En quoi se distingue la réhabilitation pénale de la révision ? 334. — Les causes d'extinction du droit d'exécution pénale s'appliquent-elles au droit d'exécution civile ? 335.

FIN DU QUESTIONNAIRE.

TABLE DES MATIÈRES

FIN DE LA TABLE.

Paris. — Imp. BALITOUT, QUESTROY et Cᵉ, rue Baillif, 7.